東西学術研究所研究叢書第2号
比較信仰文化研究班

祈りの場の諸相

新谷 英治 編著

関西大学東西学術研究所

はじめに

主幹 新 谷 英 治

　本書は関西大学東西学術研究所比較信仰文化研究班の 2013 年度から 2015 年度に互る 3 箇年の研究成果をまとめた論文集である。

　知られているようにイスラーム世界のマスジド（モスク）は元来「平伏する場所」の意であり、屋根や壁を持つ建物は必須なのではない。地面に直に敷かれた小さな敷物一枚であってもそれは本来的な意味ではマスジドであり、「祈りの場」である。しかし実際には、ムスリム（イスラーム教徒）の「祈りの場」としてのマスジドは、屋根や壁を持つ建築物として人々の住む都市や農村に設けられ、またそれぞれの地域に特有の建築様式に学びつつ特徴的な様式と空間構成を見せている。このようにマスジドの位置の設定や建物の空間構成には、信仰する者の特定の意図が働いており、ムスリムの「祈りの場」としての特性が表現されている。

　このような「祈りの場」の特性とそこに込められた意図は、イスラームに限らず、様々な信仰のそれぞれに見られるはずである。また、同じ信仰においても、例えば集団的「祈りの場」と家庭など個人的「祈りの場」ではあり方が異なるであろう。様々な信仰の「祈りの場」のありようを広範かつ多角的に比較検討してその共通性と個別性を明らかにすることにより、人の「祈り」という行為に存する心性の地域的、時代的な普遍と特殊が浮かび上がるであろう。それはまた、「祈り」に集約された、人々の生き方の本質的な普遍と特殊を明らかにすることに繋がるに違いない。

　以上のような問題意識のもと、歴史学的手法を基軸にしながら民俗学、地理学、美術史学など多様な視点を取り入れつつ「祈りの場」の比較を

試みることを目的に比較信仰文化研究班の活動が開始された。研究班は森隆男（研究員　民俗学）、蜷川順子（研究員　西洋美術史）、野間晴雄（研究員　人文地理学）、松井幸一（非常勤研究員［2013-14 年度］、研究員［2015 年度］　歴史地理学）、吉田雄介（非常勤研究員　人文地理学）、茶谷まりえ（非常勤研究員［2014-15 年度］　民俗学）、恵崎麻美（非常勤研究員　日本美術史）、齋藤鮎子（準研究員［2015 年度］　文化地理学）、園田恵梨果（準研究員［2013-14 年度］　西洋美術史）および新谷英治（研究員　歴史学）によって構成され、それぞれの専門を生かしつつ「祈りの場」の具体的な在りかたの分析とそれらを総合的に検討する議論を軸に研究が進められた。また「祈りの場」を考えるにあたり、洋の東西を問わず絵画が信仰と不可分の歴史を持つことに鑑み、絵画のモティーフや表現技法に関わる研究も視野に入れた。以上の研究成果は以下に収録される各論文において示されている通りである。

　なお、「具体的」かつ「総合的に」とは言いながら、具体的・個別的な事例の研究はともあれ、研究成果として総合的に何が得られ、結論として何を見通すことができたか、はなはだ心許ないことは率直に認めねばならない。その課題は本研究班の継続研究（2016-18 年度）に引き継がれており、その意味で本報告書はいわば中間報告と言うべきものである。

2016 年 12 月 16 日

関西大学東西学術研究所研究叢書
比較信仰文化研究班

祈りの場の諸相

目　次

はじめに……………………………………主幹　新　谷　英　治（ⅰ）

聖俗の「スイッチ」としてのヱビス信仰に関する考察
　…………………………………………………茶　谷　まりえ（ 1 ）

山宮御神幸道の復元に関する試論
　――富士山本宮浅間大社と山宮浅間神社を結ぶ道――
　……………………………………………………齋　藤　鮎　子（ 21 ）

小磯良平の戦中期作品における群像表現の展開
　――エドガー・ドガ受容との関係を中心に――
　……………………………………………………恵　崎　麻　美（ 47 ）

五島のキリスト教教会群と聖心（みこころ）イメージ…………蜷　川　順　子（ 87 ）

南西諸島の住まいを貫く女性原理………………森　　　隆　男（121）

琉球における湧水分布と祭祀空間………………松　井　幸　一（151）

ヒンドゥー教における聖地の場所性
　――ヴァーラーナシー概観――　……………野　間　晴　雄（175）

19世紀初期までのズィールーの基礎的検討
　――ヤズド州内の32枚の事例から――　……吉　田　雄　介（197）

イスタンブルの二つの祈りの場…………………新　谷　英　治（229）

聖俗の「スイッチ」としての
ヱビス信仰に関する考察

茶 谷 まりえ

1 海の民と神々

　世界には様々な「聖地」がある。とりわけ日本には太古より八百万の神々が存在し、その中でも海には多数の神々の複雑な棲み分けがある。海に生きる人々にとっての聖なる空間は実に多様なのである。例えば、寺社へは寄進や踊りや歌などを奉納し、漁に関係の深い場所などには祠を設けて豊漁を祈願する。一方、船上には航海の守り神としてフナダマを祀り、海を司る神としてヱビスや龍神を崇めるのだ。

　では、なぜそのような入り組んだ関係性が生まれたのか。また、聖と俗はどこでどのようにして切り替わるのか。本稿では、筆者がクジラ文化の調査を続けてきた山口県長門市・萩市でのヱビス信仰にまつわる事例を中心に、捕鯨における聖なる空間の在り方について考察する。

2 ふたつの習俗にみる「ヱビス」

2-1 「ヱビス」をめぐる空間

　漁業に携わる人々にとってヱビスは最も身近な神のひとつと言える。巨万の富をもたらす商売繁盛の神として広く崇められ、一方では極めて

身近な存在として様々な商売・生業に従事する人々の信仰を集めてきたのである。ここでは、萩・長門の捕鯨地およびその周辺地域における「ヱビス」にまつわる2つの風習を取り上げたい。

　1つ目は、通(かよい)（山口県長門市）の「ヱビスバン」である。（写真1）ヱビスバンは舳先に取り付ける「お守り」のような木製の板で、やや湾曲した長方形の板（長さ約30cm、厚み約2cm）と台形の板でできている。一説によると魔除けや航海安全を祈願したものであるというが、具体的な由来や使用方法、使用年代に関する記録は見つかっておらず、詳細は全く不明であった。しかし、『北浦捕鯨物語』[1]によると、ヱビスバンは「恵美須板」と表記され、勢子船（クジラを網に追い込み、銛を打つ役割を持つ刃刺(はざし)が乗る船）の「座の間」という一段低くなった空間に設けられていたものであることがわかる。さらに、木製の和船による網取り捕鯨がおこなわれていた1670年代に使用されていたことも証明できる。また、同書には恵美須板の説明として「刃刺の名書札」という注釈が添えられている。筆者の調査（2013年12月実施）によると、台形の板に釘で打ち付けられた薄い板には「住吉」や「安全祈願」といった墨書が認められた。さらに、板の隙間には紙片の残存が確認できた。これらのことから、薄い板はいわゆる「お札」であり、その上に刃刺の名を記した紙が貼られていたと考えられる。舳先に魔除けとなるものを設ける文化は世界中に認められるが、捕鯨船における座の間は、刃刺が銛を打ち込むために控える空間であり、言わばクジラを仕留められるかどうかの明暗を分かつ特に重要な空間なのである。その空間にヱビスを祀るということは、豊漁や航海安全への祈願の根本に海へ接触することに対する畏怖心が存在したということを意味していると考えられる。このことを裏付ける根拠として、前述の史料において旦那船には勢子船と同じように恵美須板の挿絵が描かれているのに対し、網船には認められないということが挙げられる。旦那船はクジラの動きを封じる網を海へ投じる役割の者たちが乗り込む船であり、勢子船と違い刃刺は乗らないの

である。しかし、両者は海へ直に接触する役割を持つ者が乗る船という共通点を持つ。これは、この地域の捕鯨、あるいは漁全般における海に対する観念を端的に示しているものと考える。萩・長門に見られる海に関する神への信仰を整理すると、大きく分けてフナダマサマ、龍神、ヱビスに対する信仰が認められる。フナダマサマは船に宿るとされ、航海の安全、つまり船上や陸地を含む海面よりも上の空間を司るものと考えられる。龍神、水神、海神は、「刃物を海へ落とすと海底に刺さって神様の怒りを買う」という伝承が認められることなどからも海底を司ると言える。そしてヱビスはその間、つまり海面から海底までの間の空間を司る神なのである。そのため、海中に生息する魚介をもたらす、すなわち豊漁の神として漁民の信仰対象になったものと推察される。

　ヱビスバンの事例に戻ると、ヱビスバンは現在では魔除けや航海安全を願った呪物のひとつとされている。しかし、仮に魔除けや航海安全のための呪物であったとすれば、すべての船に設けられているはずである。また、お札に刃刺のみの名を書いた紙を貼るというのも不自然である。これらのことを踏まえると、ヱビスバンにはもともと海への畏怖、そして豊漁の神であるヱビスの神通力に働きかける役割があったと考えられる。なお、ヱビスバンは他の漁船には用いられず、捕鯨船にのみ用いていたという。このことからも、通における捕鯨には、他の漁業とは異なる独自の世界観が存在していたことがわかる。『鯨史稿』の「巻之五」においても、大槻清準は捕鯨の舟に描かれた派手な模様はクジラを威嚇する目的があると記している。現在は、舟の模様は漁師たちの気持ちを高揚させる目的があったとする説が一般的である。しかし、捕鯨に用いられた舟にはもともと実用性と装飾性・呪術性が混在していたことがわかる。

　ヱビスバンの形状をさらに細かく見ていくと、船釘の痕跡や板の形状の特徴が認められた。それらを分析したところ、2枚の板が後掲の写真のように組み合わせられるということはほぼ間違いない。また、文字と

も模様とも捉えられる船印のようなものも確認された。そのため、パターン①の形態が最も有力である。しかし、国分直一氏が「周防祝島の櫂伝馬」[2]のなかで紹介している祝島櫂伝馬の平面図にはパターン③に相当する構造が確認できる。また、刃刺の名前を書いた紙を貼ったという特徴からも、ヱビスに名前が見えやすいように向けられたものであった可能性が高い。そのため、乗組員にとっては写真2のような見え方であったと考えられる。仮にこの類型が正しかったとすれば、舟の進行方向を正面と捉え、舳先を海との境界と考えていたこの地域の観念にも一致する。ただし、前出の『北浦捕鯨物語』には長方形のものが垂直に突き

写真1　ヱビスバン
（長門市くじら資料館蔵）

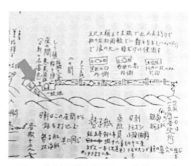

図1　『北浦捕鯨物語』の挿絵の一部

写真2　パターン①
（長門市くじら資料館蔵）

写真3　パターン②
（長門市くじら資料館蔵）

写真4　パターン③
（長門市くじら資料館蔵）

出たような挿絵が認められるため（図1）、パターン②も想定できる。その場合、船印は見えない位置に隠れることになるが、この印の意味が明らかになっていない以上、現時点での確定は不可能である。エビスバンの使用方法や由来の詳細については、今後のさらなる調査・研究で明らかにしていきたい。

2-2　「ヱビス」をめぐる人々

　ヱビスにまつわる2つ目の事例は、萩焼の窯元におけるヱビス信仰である。捕鯨の拠点となっていた青海島は長門に属すが、その隣地である萩は古くから窯業で栄えてきた。特に茶の湯の世界では「一楽、二萩、三唐津」と謳われるなど、焼き物の一大産地として広く知られている。現在では、萩市・松本川流域と長門市・深川川流域に分かれ、それぞれ松本焼と深川焼という2つの大きな系統のなかでそれぞれの伝統を受け継いでいる。

　ここでは、松本と深川それぞれの窯元における陶工儀礼、特に火入れの儀式におけるヱビスの位置づけに着目して述べることとする。なお、筆者が聴き取り調査（2013年12月実施）をおこなったのは、松本の坂高麗左衛門窯（坂窯）と三輪窯、深川の田原陶兵衛窯（田原窯）、坂倉

新兵衛窯（坂倉窯）を中心とした10軒の窯元である。本調査で得られた情報をまとめる前に、まずは萩焼の略史を述べることとする。

　萩焼はそもそも文禄・慶長の役に際して朝鮮から渡来した陶工・李勺光と李敬の兄弟が、広島から移封された萩藩初代藩主・毛利輝元に従い萩へ移り、松本中の倉に「萩藩御用焼物所」が開窯したのが松本焼の始まりとされている。その後、李勺光の子・山村新兵瑛光政の弟子である山崎平左衛門、蔵崎五郎左衛門らが深川の三之瀬(そうのせ)へ移り、深川焼が始まった。深川では、天保〜弘化頃の最盛期には十数軒もの窯元が軒を連ねたことが『防長風土注進案』[3]にも記されているが、現在では5軒を残すのみである。

　次に、萩焼の製作工程について整理したい。呼称などに差異はあるだろうが、作業は大きく分けて採土、原土の乾燥、土漉し（水簸(すいひ)）、乾燥、土踏み、土揉み、成形、素焼き・乾燥、釉掛け、窯詰め、窯焚き、窯出しから成る。そのなかでも、本稿では窯焚きの最初におこなう儀式である「火入れ」に着目したい。なぜなら、この火入れはヱビスと深い関わりを持つためである。そのため、前述の窯元への調査では火入れのしきたりや信仰を中心に聴き取りをおこなった。それぞれの窯元で得られた情報は次の通りである。

◆坂窯（松本）

開窯約400年／「大晦日の膳」でオバイケを用いる。／窯の奥の山（唐人山）に「エベッサマ」を祀った祠がある。大晦日と火入れの際は毎回参拝する。／火入れの際に「トーエビス」という文言は用いない。／火入れの際、神棚には白飯、大根なます、オバユキ（クジラの尾の身）、こんにゃくをそれぞれ小鉢に入れたものをお膳に載せ、エベッサマを祀った祠にも同じ料理を供える。窯には御神酒と盛り塩を供える。／火入れ儀式は窯を清め、窯焚きの安全と成功を祈るためのものである。／大晦日には、蹴りロクロに飾りつけとお供えをおこなう。ロクロの後ろに

毛利秀就から拝領した名替の御判物掛軸が掛けられる。エベッサマへのお供えは、膳に載せて山の麓にある祠に持って行く。／窯焚きの際は、戦時中でも白米をふるまって作業にあたる者を労った。

◆三輪窯（松本）

　開窯約350年／陶工儀礼のなかで鯨肉を用いることはない。／窯には、カマガミサマを祀っている。窯の正面左奥に祠を設けている。（現在、中は空になっている）／かつては窯の奥の山に、先祖の墓に並べて三輪神を祀っていた。（小さな鳥居があった）／火入れの際に「トーエビス」という文言は用いない。／火入れの際は、まず窯の横にある祠に参拝する。御神酒、盛り塩、鯛を供える。／現在でも毎月1日は必ず屋内にある神棚に鯛を供える。／窯そのものが神である。／毎年8月1日には出雲から伊勢神楽を招き、窯に奉納し続けている。

◆田原窯（深川）

　開窯約357年／陶工儀礼のなかで鯨肉を用いることはない。／カママツリの際には、裏山に祀った共有（管理はおもに坂倉窯がおこなっている）のエビス堂へ詣る。／窯の周囲に単独で所有している祠などは無い。／火入れの際に「トーエビス」という文言を唱えて窯焼きの成功を祈る。"トー"は、「頼む」や「祈る」といった意味合いとして認識していたが、先代が用いていたのを踏襲しているに過ぎない言葉であるため詳細な意味は不明である。この「トーエビス」については、後で細かく述べていくこととする。

◆坂倉窯（深川）

　開窯約400年／火入れの際に「トーエビス」という文言を唱えることはない。／カママツリの際には、裏山に祀ったエビス堂へ詣る。／窯の周囲に単独で所有している祠などは無い。／登り窯の上（建屋内）に御

幣、しめ縄を取り付けており、毎年取り替えている。なお、深川の窯元5軒ではいずれも建屋内にしめ縄が張られていることが確認できた。

聴き取り調査で得られたこれらの情報を整理・分析すると、エビスに関する風習を持つ窯元は、現時点では坂窯と田原窯の2つのみである。松本で坂窯と双璧をなす古窯が三輪窯であるが、同窯は奈良県の三輪地方にルーツを持つ。そのため、三輪窯では、エビスではなく登り窯の裏山に設けられている先祖代々の墓の隣に三輪神社から授かった鳥居を祀っていた。現在ではその鳥居は失われているが、窯の裏山を重視しているという点では坂窯と共通していると言える。なお、三輪窯の登り窯の正面左奥にはカマガミサマの祠が設けられているが、2013年12月の聞き取り調査の時点で、祠の中は空になっているという。

比較的新しい窯元でも、登り窯の大口の上に台状の凹み、木製や陶製の板が設けられており、御神酒用の徳利と盛り塩用の小さな皿が供えられている。これらは窯の神やその地域の氏神を祀ったものであるという。しかし、少なくとも開窯350年を超える窯元には登り窯の裏山に祠が認められた。これらは、いずれも山のエネルギーを登り窯に導く風水的な発想による配置と考えられるが、古くは共有の窯を用いていた深川では火入れの度に祠へ詣るというしきたりは無いものの、4軒の窯元が持ち回りで当屋を務める陶工儀礼（10月20日のエビスの日に執行）の際に本窯跡の上に祀られたエビス堂という石の祠へ参拝し、長門の飯山八幡宮から宮司を招いて祭事を執行、その後会食をおこなうという。この行事は『萩焼古窯』[4]では「恵比寿祭」、他では「恵美寿祭り」という表記も確認できるが、筆者が聴き取り調査をおこなった窯元ではいずれも「カママツリ」と呼称されている。

窯業には節目となる儀礼がいくつかあり、そのひとつがカママツリである。陶祖への敬意を込めて窯業の繁栄と先祖供養を祈願する儀礼であるというが、持ち回りで1つの祠を祀るという点は、窯を共有していた

深川の窯元ならではの儀礼と言える。ヱビス堂の創建年は不明であるが、現存する当屋帳に記された最古の記録である大正７年（1918）の記述を見ると、もとは陶祖を祀る「元祖祭り」という儀礼が別におこなわれていたのが、いつからか恵美須祭りと統合されて現在に至るものとされている。

　松本地区の窯元にカママツリは認められないが、大きな節目になるのが火入れ式なのである。火入れ式は、窯によって多少の差異はあるだろうが、同書などの報告をまとめると、概ね以下の順で執り行われる。窯の各室に作品を詰め終わると、大口（胴木窯）から灰窯（一軒）、二軒、三軒、クリカン（最後尾の室）の順に焚き口を閉め、掃き清めた火口の焚き口の上に盛り塩をする。盛り塩は、塩を三つ指で摘んで火口の上に横に一直線に３つ盛る。その後、柏手を打って拝み、大口の焚き口から火をつける。次に、左または右横にある灰窯の焚き口に回り火をつける。その際、薪を１本投げ込みながら「トーエビス」と３回唱える。さらに二軒、三軒と点火の際にそれぞれ３回ずつ唱えるため、１度の火入れ式で合計９回唱えることになる。最後にクリカンの窯に火を入れ終わると、大口の焚き口の上の盛り塩の後ろに御神酒の徳利を供え、柏手を打つ。現在では変化しているところも多いだろうが、火入れ式はそもそも女人禁制とされていた。

　ここで特筆すべきは「トーエビス」という文言である。これは、焼成の成功をヱビスに祈願する言葉であるとされてきたが、その起源や由来は明らかになっていなかった。しかし、この言葉が古くから用いられてきたところがある。それが萩・長門の漁業なのである。同所では、この言葉は漁具を海に投じる際や船を海に出す際など、海と接触する瞬間にその都度発せられる。通での捕鯨においても、網立てやクジラを引き揚げる作業の息を合わせるための掛け声として用いられてきた。その言葉が、萩の陶工儀礼のなかで用いられているのである。この事例は、漁業と窯業の密接な関係を示唆していると考えて間違いないだろう。

萩・長門エリアの漁業における「トーエビス」は、現在では漁における作業の息を合わせる掛け声のひとつとして認識されているようである。そのため、激しい勢いが加わった「トー」の強調、「トーテベス」や「トーテビス」といった転化が認められる。一方、窯業における「トーエビス」は、火入れの際につぶやくようにくり返し唱えるものである。そのため、窯業から漁業へ伝わった言葉とは考えにくい。
　筆者の調査のなかで、「トーエビス」という言葉は、もともと漁業における作業の中でも特に、"まさに海へ接触するという瞬間"に用いられる言葉であるという証言を得ることができた。これは極めて重要な証言である。ここで着目したいのが、窯業において、窯焚きの最初の儀式である火入れ式の、特に"まさに火を入れる瞬間"に「トーエビス」という言葉が用いられるという点である。これは、漁業における海への接触と同じように、火にふれる瞬間を極めて重要視していたということの表れである。さらに、登り窯の裏山を特別な空間として捉えることの背景には、風水思想以前からの自然崇拝があるのではないだろうか。
　上記のことから見えてきた漁業と窯業の共通点は、異界、すなわち人智や計算の及ばないものへの働きかけである。つまり、漁業においては海（海面）、窯業においては火（焚き口）を一種の「境界」と捉え、畏怖心を持って接していたものと考えられる。さらに、単にふれるだけでなく御利益を受けることが肝要である。すなわち、漁業においては豊漁、窯業においては焼成の成功なのである。漁業で豊漁が願われることは言うまでもない。漁業とエビス信仰は現在でも広く認められる。一方、窯元で焼成の成功が願われることもまた同様である。科学の発達した現在もなお、人は自然の力を完全にコントロールすることはできない。そのため、萩では比較的新しい窯元を含めたいずれの窯元でも窯業に関して何らかの信仰を持っている。萩焼の祖・李敬の直系の窯元である坂窯にエビス堂が祀られており、同じく萩焼の祖・李勺光の直系の窯元・坂倉窯が主体となって管理する深川の旧共同窯にもエビス堂が祀られている

ということは、元来、窯業とエビス信仰が極めて密接な関係にあったということを示している。しかし、その多くが今ではエビスや陶祖ではなく窯の神を祀るものへと変容・統合されているようである。

　自然崇拝の観点から考えれば、窯業と漁業に共通点が認められることは不思議なことではないかも知れない。現時点では、直接的に捕鯨との関連を裏付けることはできないため、漁業との何らかの関係を持っていたという結果に留めざるを得ない。しかし、これまで挙げてきた信仰の形成過程に加え、異なる環境の中で同時発生したとは考えにくい「トーエビス」という象徴的な言葉がそれぞれの儀礼において深い意味を持ってきたこと、長門の窯元のみにその言葉が継承されていることは単なる偶然ではないだろう。

　しかし、両者の間にある４つの共通点を挙げたい。その１つ目が、萩藩の存在である。北浦捕鯨は萩藩の庇護のもとにあり、通およびその周辺地域で捕獲されたクジラの肉は、仲買人を介して萩へ大量に売り出されていたという。当時、萩城下は一大消費地であった。そのため、萩市内では古くから鯨食文化が広く浸透されており、同市内の坂高麗左衛門窯でも、「大晦日の膳」には現在でもオバユキが用いられている。そのため、他の食材に比べて特別な存在であったという根拠にはならないものの、鯨食の基盤が築かれていたことは間違いない。また、萩城下に近い松本だけでなく、深川もまた藩との関係が濃かった。その理由が温泉の存在である。深川は古くから湯治場として開けていた場所であり、現在も温泉地として人気を集めている。ここには萩藩からも度々藩主やその家族らが訪れていた。その際、役人を連れて窯元に立ち寄って陶磁器の調進を命じたり、細工の上覧をおこなったりしていたという。また、「窯遊び」と称して窯元に出入りしていた藩士たちも少なくない。そこで何らかの文化的交渉があったと考えても不思議はない。

　次に、深川焼の成立経緯を挙げる。萩焼の歴史については前でも述べた通りだが、承応２年（1653）に一部の窯元が松本から深川へ移り、

付き従ってきた弟子や藩庁からの人夫らの加勢に加え、地元の人々を多く雇い入れて築窯を始めたとされている。その後、明暦3年（1657）の「三ノ瀬焼物所」開所をもって深川焼のはじまりとされている。奇しくもこの年は、通で寄りクジラおよび突きクジラの運上銀と鯨肉の分配法が定められた年と一致している。つまり、深川焼と通捕鯨は全く同時期に体制が調ったということになる。さらに、三ノ瀬焼物所が設立されたのは、最盛期の天保～弘化にかけての時期であり、この時期はちょうど青海島近海を回遊するクジラの数が激減し始めた年にあたる。弘化3年（1846）10月から翌年1月にかけて24頭捕獲されたのを最後に、通捕鯨は大きく傾いていくことになる。そのような状況のなか、職を求めて深川へ移った者も少なくなかっただろう。

そして、窯業と捕鯨における最大のキーワードが「見島」という土地である。通捕鯨が衰退した後、通・瀬戸崎の両鯨組は西市の中野半兵衛門および三隅の山本寅蔵らの資金を得て安政3年（1856）から安政5年（1858）まで見島網代の開拓にあたっている。見島は山口県の最北端に位置する周囲24.3kmほどの小さな島で、萩市に属する7つの島々のなかで本州から最も遠い場所に位置する。北端でありながらも対馬海流の影響による温暖な気候を特徴とし、豊かな漁場を育むため、古くから漁業が盛んな島でもあった。見島捕鯨の正確な開始時期は明らかになっていない。しかし、見島は通捕鯨の衰退後、明治期に至るまで北浦捕鯨の拠点となっていく非常に重要な場所である。同時に、窯業においても見島は要所であった。窯業にとって土が重要であることは言うまでもないだろう。萩焼では「大道土」や「金峯土（みたけ）」「見島土」といった様々な種類の土が用途に応じて使い分けられているが、そのなかでも特に、見島で採取される見島土は鉄分を豊富に含む赤土であり、萩焼には欠かすことのできない材料であった。ただし、前でも述べた通り、見島への航路は容易なものではない。現在でも船で70分は要する距離である。しかし、捕鯨における見島網代が開拓された時期と深川焼の発展時期が

一致すること、見島という共通点を有していたことなどを加味すると、そこに窯業と捕鯨の接点があった可能性は極めて高い。そのため、深川へ移った後にもともと存在したヱビス信仰と漁業習俗が結びついて「トーエビス」という言葉が伝播したものと考える。

　3つ目は「ロクロ」である。窯業におけるロクロは、言うまでもなく有名であろう。萩では「蹴ロクロ」という、人が足の力加減で回す仕組みのものが広く用いられている。ロクロと言えば窯業用のものが一般的であるが、漁業にもロクロという道具が存在するのである。これは窯業のロクロとは異なり、重いものを巻き上げたり引き上げたりする際に用いるウィンチのような働きをするものである。多くの場合、最低でも4名以上（本体に差し込んで交差させた2本の棒のそれぞれの端4ヶ所に1名ずつ）が棒を握り周囲を回って動かす仕組みの木製の道具である。ただし、すべての漁業で用いられるというわけではなく、イワシ漁やハマグリやアサリなどの貝捲き漁など大型の網を船や陸へ引き上げる漁法を中心に用いられた。捕鯨においても、網取り式捕鯨の時代にはこのロクロを複数用いてクジラの引き上げや解体をおこなっていたことが絵図などにも記されている。通では捕鯨用のロクロのことを「カグラサン」「カングラサ」「神楽山」などと呼称していたというが、一説ではクジラを解体する様子が神楽を舞う時のように入り乱れた状態であることから「神楽桟」とされたともいわれている。

　捕鯨において、ロクロは一種の豊漁の象徴であると考える。なぜなら、ロクロを用いる必要があるということは漁の成功を意味しているためである。また、海から陸への引き上げは境界をまたぐ、つまりヱビスを招き入れるための決定的な行為とも捉えられる。

　このロクロが象徴的に登場するシーンが窯業にも認められる。萩の坂高麗左衛門窯では、大晦日、神棚や細工場、蔵など15ヶ所に輪飾りを施すが、ヱビス堂とロクロにはしめ縄を施し、「大晦日の膳」（オバイケ、大根ブリ鱠、コンニャク、白飯）を供する。これは、翌年の窯業の成功

を祈るものであるという。

　一方、正月の膳は、神棚とヱビス堂にのみ膳（細切りしたスルメと昆布をのせた黒豆、イリコ、カブの葉を茹でたもの、生餅）が供えられる。

　萩で鯨食が盛んであることは前でも述べた。そのため、供物に鯨肉が用いられることに不思議は無い。しかし、大晦日の膳において大晦日と正月の2つの儀礼におけるロクロへの扱いの差異から見えてきたことは、"異界との接触"である。つまり、大晦日にのみロクロに供え物をするという風習は、年越しを異界との境界、ロクロをそのメタファーとして捉えていたことにより生まれたものであると考える。これは、海を一種の異界と捉え、畏怖心を持って臨んでいた漁師たちとも共通する観念である。

　日本には萩以外にも陶磁器の一大生産地が多数あり、そのなかには捕鯨地と近い地域も少なくない。例えば、江戸末期に捕鯨で栄えた呼子を擁する佐賀には唐津焼がある。唐津焼は唐津藩直営の御用窯として手厚く保護され、幕府や各地の大名などへの献上品としても重宝された。一方、小川島をはじめとした呼子の周辺地域で盛んに捕鯨をおこなっていた中尾氏甚六の率いる鯨組もまた、唐津藩の保護を受けて操業されていた。そのため、窯業と捕鯨は比較的近しい関係にあったと言える。また、元和元年（1615）に唐津藩の御用窯として中里太郎右衛門窯では、「皮鯨」という伝統技法が受け継がれている。これは鉄釉薬で口縁を縁取ったもので、白い生地に茶褐色の釉薬のコントラストがクジラの本皮を連想させることによる名称である。古くからクジラ文化を持つ唐津らしい発想と言える。しかし、現時点で唐津焼の陶工儀礼のなかで、萩・長門のようなヱビスにまつわる信仰や信仰物、ロクロを特別に扱うという事例は認められていない。そのため、萩・長門の窯元にのみ認められる特徴である可能性が高い。しかし、これらはいずれも比較的新しい窯元では見られない風習である。このことは、窯業における風習に大きな影響を与えたものの亡失を示唆しており、その結果として、信仰のかたちと対象

の変容・習合が生じたことは間違いない。つまり、現時点ではあくまで状況証拠に過ぎないが、捕鯨の衰退と窯業の隆盛がほぼ同時期に生じている。この連動は単なる偶然ではないだろう。この相関関係が窯業の捕鯨の文化交渉の基盤となったものと考える。

　最後に、重労働と塩クジラの関係について述べたい。山間部における鯨肉の流通、および炭坑労働者と塩クジラとの関係についてはこれまでも述べてきたが[5]、この関係性が窯業との間にも大いに当てはまるのである。

　過酷な労働は極度の身体の疲労を起こし、大量の発汗をともなう。その上、命の危険にさらされるような環境での作業を余儀なくされる場合が多い。漁業や鉱業、林業などもそのひとつだが、窯業もまた、高温下での窯炊き、粉塵、薪の運搬、登り窯のある坂の上り下り、採土、土踏みや土揉みといった力作業を要する。そのため、タンパク質や塩分の摂取が重要であり、塩魚より安価な塩クジラは重宝された。海から近い萩は、魚介類も豊富であり漁業も発達している。そのため、塩クジラを含む塩魚が特別に珍重されるということは無かったのだろう。萩・長門でも、年越しや節分の日にクジラを食べるという風習は認められるが、儀礼や信仰のなかで鯨食が意識的に取り入れられることが無かったのはそのためだろう。しかし、通や川尻など捕鯨の盛んだったエリアとの地理的条件はもちろん、山と関係の深い生業において塩魚が流通していたことは、海の文化が自然と入り込んでいく上での地盤となっていたと考えられる。また、『山と海の文化接触』[6]における金谷匡人氏の指摘によると、海に関する信仰が山へ伝播していくという現象には、漁民が本来的に山への信仰を持っていることが関係しているという。もちろん、そこには人や物の移動による"媒体"が不可欠だが、海と山の双方にそれぞれを受容する素地が整っていたことは大きな要因だったであろう。

　現時点では、ここまで述べてきた4つの共通点を考慮してもなお、窯業と捕鯨と結びつけることは尚早かも知れない。しかし、捕鯨と窯業と

いう一見すると異なる世界で生きる人々の間には人の力の及ばない領域への畏怖心という共通がある。その共通概念が世界観の共有や投影に繋がったとしても不思議は無い。

　古谷道生氏は『穴窯』[7]のなかで、窯業における火入れのしきたりは作り手にとって、それまでの作業を振り返り、心身を清める儀式であると指摘している。また、捕鯨においても、通では出漁に際して、漁師たちは瀬戸の観音堂の前を舟で通り掛かる瞬間に「トーエビス」という言葉を唱えて身を清め、気持ちを一つにしたという。異界への接触は、同時に、自省や鼓舞といった自らの心へ働きかける契機でもあったのだろう。

　筆者はこれまでも塩クジラの流通やクジラとシャチの文化などについても考察してきたが、それらのすべてに共通しているのが、あるものを介して文化同士、地域同士が結びつき、相互に大きく影響を及ぼし合いながら新たな文化を生み出しているという点である。

　捕鯨は他の漁に比べて膨大な資金と施設、道具、人員を必要とするため、巻き込む範囲も自然と大きくなる。クジラ文化の最大の特徴は、直接的に捕鯨をおこなっていない地域にまで広く影響を及ぼしていったという点にある。その結果として、各地で多様性に満ちたクジラ文化が育まれたのである。つまり、クジラの文化だけを見ていてもその本質や形成過程は見えてこないということを意味している。

　捕鯨に用いられるロクロが「カグラサン」と呼ばれたということは前でも述べた。この言葉は山口県の通だけでなく、長崎県・五島の福江島でも同じものを指す言葉として伝承されてきた。そして、特筆すべきは石工や林業、造園でも同じく人力のウィンチがカグラサンと呼ばれているという点である。これは、「トーエビス」と同じく、文化交渉が絶えた後も言葉だけが残された事例のひとつと言える。クジラ文化がもたらした遠隔地の交流と影響、また、山間部や他の文化との結びつきについては引き続き調査・研究していく必要がある。

聖俗の「スイッチ」としてのヱビス信仰に関する考察

写真5　窯の裏山の麓に祀られたエベッサマ（坂高麗左衛門窯）

写真6　登り窯の横に祀られた祠（三輪窯）

写真7　登り窯に供えられた徳利と盛り塩皿（坂窯）

写真8　深川の旧共有窯の裏山に祀られたヱビス堂

写真9　窯の上に祀られた御幣としめ縄（田原窯）

写真10　捕鯨用のロクロ（カグラサン）（長門市くじら資料館蔵）

3　聖俗のスイッチとしての「ヱビス」

　このように、長門の捕鯨における聖なる空間は地域の歴史と文化を背景に、周囲の組織との関わりの中で相互の自然観と価値観が結びつき合って育まれてきたものなのである。その中で、ヱビスは言わば聖俗の「スイッチ」のような存在だったのではないだろうか。ただし、それはいわゆる宗教や儀礼というような体系立てられたものではなく、日常の中に自然と現れる畏怖や敬意から生まれたものであったと考えられる。しかし、その一方では取り立てて特別視されることが無かったからこそ、現存する史料や伝承が極めて少ないという側面もある。そのため、本稿で述べてきたことは依然として仮説の域を脱していない。しかしながら、捕鯨と窯業という全く異なる集団に「ヱビス」という共通のキーワードが存在し、それぞれの集団において極めて重要な意味を持ってきたということは揺るぎない事実であり、これまでの研究では明らかにされてこなかった新しい視点である。今後、さらなる調査と他の地域における事例との比較も加えながら研究を進めていきたい。

注
1）松村七楼『北浦捕鯨物語』（1984年）
2）昭和55（1980）年、法政大学出版局より出版。『山口県史』に掲載。
3）天保の改革を推進する目的で、長州藩（藩主・毛利敬親）が領内の実態把握のため全町村に提出させた明細書。天保13（1842）年、近藤芳樹により編纂。本文395冊、古文書45冊から成る。田畑面積や石高から道路交通や入会地、産業、鳥獣魚介、名所旧跡など内容は多岐にわたる。
4）山口県教育委員会『萩焼古窯—発掘調査報告書—』（山口県埋蔵文化財調査報告書第131集、1990年）
5）茶谷まりえ「クジラが運んだ文化のかたち—捕鯨を介した交流—」（『住まいと集落が語る風土—日本・琉球・朝鮮—』森隆男編 所収）（関西大学出版部、2013年）他
6）『地域文化研究』第10号（1995年）、『山口県史』掲載。

7）古谷道生『穴窯―築窯と焼成―』（理工学社、1994 年）

参考文献
秋道智彌『クジラは誰のものか』（ちくま新書、2009）
平戸市生月町博物館 島の館「生月学習講座」（No.74 鯨組の納屋場）
伊豆川淺吉『土佐捕鯨史 上巻』（日本常民文化研究所彙報第 54）
『土佐捕鯨史 下巻』（日本常民文化研究所彙報第 54）
河野良輔『陶磁体系 第 14 巻 萩 出雲』（平凡社、1975）
岸本充弘「山間部における鯨食文化発達の背景と地理的特性を探る―福岡県香春町の事例を中心に―」（『社会システム研究』第 6 号、北九州市立大学大学院社会システム研究科、2008）
岸本充弘『下関から見た福岡・博多の鯨産業文化史』（海鳥社、2011）
古賀康士「西海捕鯨業における中小鯨組の経営と組織―幕末期小値賀島大坂屋を中心に―」（九州大学総合研究博物館研究報告 No.10、2012）
国立科学博物館『鯨の世界』（国立科学博物館展示解説シリーズ 5、1987）
小島孝夫『クジラと日本人の物語―沿岸捕鯨再考―』（東京書店、2009）
小境卓治『台網から大敷網へ―富山湾の定置網の歴史と漁撈―』（日本海学研究叢書）
近藤勲『日本沿岸捕鯨の興亡』（山洋社、2001）
佐賀県史編さん委員会『佐賀県史』（佐賀県史料刊行会、1967）
佐藤進三『陶器全集 第 21 巻 萩・上野・高取・薩摩』（平凡社、1961）
清水満幸『萩・北浦のクジラ文化』（「萩ものがたり」Vol.30、2011）
　〃　「北浦の漁民信仰―萩市三見浦のフナダマ信仰について―」（『梅光女学院大学地域文化研究所紀要』11 号、1996）
　〃　「長州・山口県の近代捕鯨」（『西日本文化』No.454、西日本文化協会、2011）
高山久明「櫓漕ぎ和船漁舟の船型調査と運動性能に関する研究」（長崎大学水産学部研究報告、2001）
多田穂波『明治期 山口県捕鯨史の研究』（マツノ書店、1978）
谷川健一『農山漁民文化と民俗語』（日本民俗文化資料集成 16、三一書房、1995）
茶谷まりえ『クジラが運んだ文化のかたち―捕鯨を介した交流―』（『住まいと集落が語る風土―日本・琉球・朝鮮―』森隆男編 所収）（関西大学出版部、2013）
徳見光三『長州捕鯨考』（「ふく笛」叢書第 1 号、関門民芸会、1957）
中里太郎右衛門『日本のやきもの 3 唐津』（淡交社、1986）
中園成生・安永浩『鯨取り絵物語』（弦書房、2009）
中園成生『くじら取りの系譜 概説日本捕鯨史』（長崎新聞社、2001）

長門市史編集委員会『長門市史（民俗編）』（長門市史刊行委員会、1979.12-1981.12）
〃　『長門市史（歴史編）』（長門市史刊行委員会、1979.12-1981.12）
農商務省農務局『水産博覧会第一区大二類出品審査報告』（1884）
萩市史編纂委員会『萩市史』（萩市、1983-1989）
福本和夫『日本捕鯨史話』（法政大学出版局、1960）
古谷道生『穴窯―築窯と焼成―』（理工学社、1994）
松村七楼『北浦捕鯨物語』（1984）
矢代嘉春『日本捕鯨文化史』（新人物往来社、1983）
安冨静夫・岸本充弘『下関くじら物語』（下関くじら食文化を守る会、2002）
山口県『山口県史（民俗編）』（山口県、1996）
山口県教育委員会『萩焼古窯―発掘調査報告書―』（山口県埋蔵文化財調査報告書第131集、1990）
吉賀大眉『日本のやきもの4 萩』（淡交社、1986）

山宮御神幸道の復元に関する試論
—— 富士山本宮浅間大社と山宮浅間神社を結ぶ道 ——

齋　藤　鮎　子

1　はじめに

　2013年6月、国際連合教育科学文化機関（ユネスコ）は第37回ユネスコ世界遺産委員会において日本政府が推薦した「富士山」を世界文化遺産に記載することを決定した。富士山は日本を代表し象徴する山であり、山岳信仰をはじめとする日本人の自然に対する信仰のあり方や、浮世絵などにみられる日本独自の芸術文化を育んだ山である[1]。以上のように富士山の顕著な普遍的価値が評価されての記載となった。記載された名称は「富士山—信仰の対象と芸術の源泉（Fujisan, sacred place and source of artistic inspiration）」で、山梨県・静岡県両県に点在する25の構成資産を有する（表1）。これは「信仰の対象」と「芸術の源泉」の2つの側面から構成され、大きく4つに分類することができる。まず1つ目は、「信仰の対象」となった山域と登山道である。2つ目は、多くの芸術の源泉となった富士山の持つ自然的景観である。3つ目は、富士講信者が登拝を行う際に参拝や宿泊などの世話をする「御師」の住宅と参拝先の神社である。4つ目は、溶岩樹型や湖、湧水地、滝、海浜などの富士山信仰に関わる巡礼・修行の地である。

　静岡県富士宮市には、大宮・村山口の登山道が、富士山本宮浅間大社を代表とする浅間神社が、富士講の巡礼・修行の地として人穴富士講遺跡と白糸の滝の6つの構成資産を有している。

表1 富士山の構成資産一覧

No		構成資産	所在地
1	富士山域		
	1-1	山頂の信仰遺跡群	静岡県・山梨県
	1-2	大宮・村山口登山道(現富士宮口登山道)	富士宮市
	1-3	須山口登山道(現御殿場口登山道)	御殿場市
	1-4	須走口登山道	小山町
	1-5	吉田口登山道	富士吉田市、富士河口湖町
	1-6	北口本宮冨士浅間神社	富士吉田市
	1-7	西湖	富士河口湖町
	1-8	精進湖	
	1-9	本栖湖	富士河口湖町、身延町
2		富士山本宮浅間大社	富士宮市
3		山宮浅間神社	
4		村山浅間神社	
5		須山浅間神社	裾野市
6		富士浅間神社(須走浅間神社)	小山町
7		河口浅間神社	富士河口湖町
8		冨士御室浅間神社	
9		御師住宅(旧外川家住宅)	富士吉田市
10		御師住宅(小佐野家住宅)	
11		山中湖	山中湖町
12		河口湖	富士河口湖町
13		忍野八海(出口池)	忍野村
14		忍野八海(お釜池)	
15		忍野八海(底抜池)	
16		忍野八海(銚子池)	
17		忍野八海(湧池)	
18		忍野八海(濁池)	
19		忍野八海(鏡池)	
20		忍野八海(菖蒲池)	
21		船津胎内樹型	富士河口湖町
22		吉田胎内樹型	富士吉田市
23		人穴富士講遺跡	富士宮市
24		白糸ノ滝	
25		三保松原	静岡市

(資料):文化庁(2012)「富士山」の世界文化遺産推薦について」をもとに所在地を加筆して作成。

 とりわけ富士山本宮浅間大社は全国に1,000以上ある浅間神社の総本社である。奥宮を富士山頂に、本宮を806年より富士宮市街地に構える。それ以前は、現在の地よりおよそ6km北東の山宮にあった。これら一

連の富士山本宮浅間大社の社殿の移動を「大宮遍座」という。祭神のやどる場所が移動したことにより新たな神事として、「山宮御神幸」が年に2回行われるようになった。その内容は祭神が旧地へ里帰りすることを目的として、浅間神が里宮と山宮を往来する。この行路である御神幸道には、元禄年間に丁目石なる標石が50基ほど設けられたが、現存するものは5基のみである。加えて、明治7（1874）年以降この年中行事は行われていない。したがって、現在では御神幸道の行路は史料をもとにした推定的なものとされている。

　御神幸道に関する既存研究は、大きく以下の3つに分類することができよう。第一に、祭祀の場所に関する研究である。日本民俗学の柳田國男は、伝統的な日本の集落の背後には山があり、そこには山宮、あるいは奥宮が祀られていることを指摘し、山が祖霊の留まる場所であるという信仰を山宮と里宮の祭祀形態を通して論証した[2]。第二に、祝祭空間に関する研究である。都市形態学の松浦健治郎は岐阜県高山市における高山祭を事例として、都市空間と祝祭空間との関連について、都市空間の歴史的変化により祝祭空間が変化していることを明らかし、物的装飾による都市空間と祝祭空間との差異を明らかにした。具体的には、普段「ケ」の空間である街路を御神幸（御巡行）の祭り行列が通る「ハレ」の空間とするために、簾・垂れ幕などの物的装飾を施し、建物内の生活空間つまり「ケ」の空間を隠す役割があると指摘し、その設置状況を行路内の住宅から分析している[3]。第三に、該当地域の山宮御神幸そのものについての研究である。富士宮市郷土史同好会による郷土資料では、史料に基づいた御神幸道を推定している。さらに、御神幸道に配置されている丁目石の配置場所、篆刻された奉納者の氏名、寸法など詳細に記述している[4]。さらに富士宮市文化課埋蔵文化センターは史料に基づいた御神幸道の順路と山宮御神幸の神事について詳細に述べている[5]。

　このように御神幸道の既存研究では、特に当該地域における山宮御神幸そのもの研究成果は史料に基づく御神幸道の推定に留まる。御神幸道

を考えるうえで、失われた丁目石の配置場所や神の祀る神社などの位置について考慮する必要があると考える。以上の問題意識のもと、本稿では山宮御神幸の御神幸道を神の道と捉え、その行路にある丁目石や神社などを手掛かりに推定されている御神幸道を再検討することを目的とする。その方法は、史料の分析・行路にある神社と富士山本宮浅間大社および山宮浅間神社との関連性を分析することである。さらに地理情報システム（以下本稿では「GIS」とする）を用いて丁目石の設置場所を復元することである。加えて、庶民の信仰として発展した富士講について、富士山本宮浅間大社の成立に関連付けて歴史的視点からも言及する。

2　山岳信仰と浅間神社の成立

2-1　浅間神社の成立

　浅間神社の成立は富士山に対する崇拝と畏敬の念に端を発する。これらの要素が富士という山岳を中心に展開する信仰の対象となった。山岳は古来より神霊のやどる場所とみなされた崇拝対象として、また宗教者たちの霊的、呪的能力を高める修行道場として信仰されてきたが、その一方で里の人々からは、山人・鬼・天狗・山姥などの異形の者、妖怪の棲む異界、死後の霊魂が赴く他界と観念されてきた[6]。加えて富士山には、神秘神霊のやどる山であり、なおかつ荒々しい火の神が与える異怖の念があるとされる。富士山に代表される広い裾野をもつ円錐形の成層火山は、津軽富士（岩木山）、出羽富士（鳥海山）、会津富士（磐梯山）をはじめ各地の富士の名で呼ばれる山岳もみられ、いずれも信仰の対象とされてきた。さて、浅間神神の起源はというと、垂仁天皇の御代 3（紀元前 27）年に富士山の噴火を鎮めるために「山足の地」に浅間大神（あさまのおおかみ）を祀ったことによる。「山足の地」は、河口浅間神社（山梨県河口湖町）、一

宮浅間神社（山梨県八代郡市川三郷町）とも言われており、その場所ははっきりとしないが山足とは麓ということになろう。特定の場所に祀られるようになったのは、景行天皇40（110）年に日本武尊が東征の際、焼津にて賊の野火の難にあい「富士大神」を祈念し、迎え火を放ち、難を逃れ賊を平定したことに感謝し、山宮浅間神社に浅間大神を祀ったとされる。

2-2　山宮浅間神社

　山宮浅間大社は富士宮市の中央よりやや西の標高約400mに位置する。主祭神は浅間大神（木花之佐久夜毘売命）とする。境内には、本宮に相当する建物が無く、本殿のあるべき場所には南北約15m、東西約8mの長方形で、30～40cm程の溶岩を用いた石列によって組まれている（図1）[7]。そこは富士山を直接遥拝し、祭儀を行うことを目的として築造された遥拝所と推定され、景山春樹[8]が神体山信仰として理論づけたように、信仰の対象が極めて自然的なものであり、宗教施設も極めて自然なままである古代祭祀の原初形態を留めていると考えられる。富士山を拝

図1　遥拝所の石列
（2015年8月17日筆者撮影）

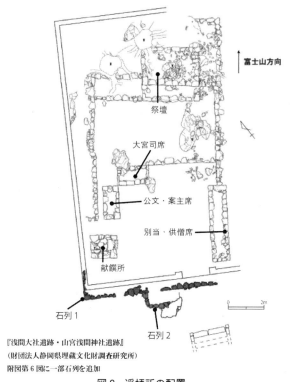

図2 遥拝所の配置
(富士宮市HP「山宮浅間神社遺跡発掘調査報告」展[9]より引用し、
『富士宮市史(上巻)』[10]をもとに加筆)

む方向に祭壇が位置し、祭壇に向かって左側に祭儀を行う際の大宮司席、公文・案主席、献饌所が、向かって右側に別当・社僧席が設けられている(図2)。

2-3 富士山本宮浅間大社

　山宮浅間神社の地から現在の地に遷座したのは、大同元年(806年)の頃である。坂上田村麿は平城天皇の勅命を奉じ、富士山の神水の湧き

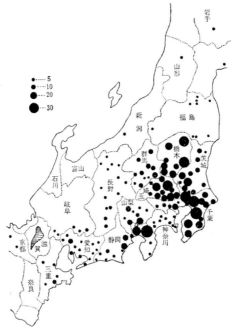

図3 浅間神社の分布一覧
(『富士宮市史 (上巻)』[11]より引用)

噴火を鎮める水徳の神を祀る場所としてこの地に移したと伝えられる。鎌倉・室町時代になると、源頼朝や武田信玄などの武将から荘園を寄進、社殿を修造するといった崇敬を受ける。延喜の制では、駿河国一宮と称され、勅使の奉幣・神領の寄進を受け、駿河国府の近くには、浅間大社から勧請を受けて浅間神社(静岡浅間神社)も創建される。徳川家康は関ヶ原の戦いの戦勝を記念して本殿・拝殿・桜門など30余棟を造営し、さらに富士山8合目以上を境内地として浅間大社へ寄進したとされる。江戸時代になると、浅間神社を中心としていた浅間信仰は一般庶民の信仰として展開していき、江戸中期になると富士講という信仰集団へとかたちを変えていった。富士講の一層の発展は、吉田口(吉田市)、村山

口（富士宮市）、須走口（小山町）などに宿坊を構えた御師は師として参詣者を檀那として、恒常的に師檀関係を結んだことによるもので、同時に富士信仰の普及と信仰圏の拡大をもたらした。全国の浅間神社分布は、それを示している（図3）。主として関東や中部地方に集中しており、大社・小社の総数で千葉県が首位となっている（表2）。とりわけ千葉県は小社の数が他の県に比べて圧倒しているが、大社の数だけでみれば静岡県の3割に満たない。千葉県、埼玉県、茨城県の関東地方は、小社の数が大社より圧倒的に多いことが特徴である。さらに富士講の分布は人穴富士講遺跡に残された碑塔群からもみてとれる（図4）。この碑塔は開祖の供養や大願成就として建てられたものが多く、また記念碑的な存在とも考えられる[12]。

碑塔には、講の所在地・講員・先達名・講印などが刻銘されている。総数232基が現存するが、そのうち地名がはっきりと分かるものは135基である（表3）。地名は必ずしも講員の所在地とは限らず、先達の住所、講社の所在地の場合もあり一定していない。首位を占めるのは武蔵国でその数は114基と全体の8割を占める。とりわけ江戸だけでみれば6割にも及ぶことから、当時の江戸八百八講といわれるほどの富士講人気が容易に知り

図4　人穴富士講の碑塔群
（2015年8月17日筆者撮影）

表2　都府県別浅間神社の数

都府県	千葉	埼玉	静岡	茨城	山梨	東京	愛知	神奈川	三重
大社	31	19	102	7	26	6	9	10	1
小社	226	166	48	102	40	54	49	23	24
全体数	257	185	150	109	66	60	58	33	25

（『富士宮市史（上巻）』[13]をもとに作成）

うることができよう。安房国・上総・下総などの江戸周縁にも講社が成立していったことが伺える。

以上のように、山岳信仰から浅間神社の成立に関して考察し、その歴史的背景から山宮浅間神社から富士山本宮浅間大社への遍座について述べてきた。全国にある浅間神社の発端である山宮浅間神社では、自然そのものを信仰の対象にした崇拝形態だったが、里宮への遍座を期に富士山本宮浅間大社では社殿を祈りの場とした。江戸期になると浅間信仰は、富士講として集団での信仰とかたちを変え、主に江戸を中心とした東日本に定着していった。信仰のかたちは時代とともにその形態を変え、集団化していったことを強調し、本章の結びとする。

表3　人穴富士講遺跡における石碑の国名

国名		基数
武蔵国	江戸（84） その他（26） 東京（4）	114
安房国		3
上総		3
下総		3
北越		2
上野		2
相模		2
遠江		1
大阪		1
大和		1
常陸		1
下野		1
甲斐		1
小　計		135

（『富士宮市史（上巻）』[14]をもとに作成）

3　山宮御神幸と御神幸道

3-1　山宮御神幸とは

先にも若干の説明をしたが、ここでは山宮御神幸についてその内容を詳しく記述する。山宮御神幸は806年（大同元年）に浅間大神が山宮の地より現在の大宮の地に遍座したことに端を発する神事のことである。

図5　富士山本宮浅間大社の鉾立石　　　図6　山宮浅間神社の鉾立石（籠屋近く）
　　（2015年8月17日筆者撮影）　　　　　　（2015年8月17日筆者撮影）

具体的には、故地へ神を里帰りさせるために、浅間大社と山宮浅間神社を往復する。明治6（1873）年まで年2回4月と11月の初申の例大祭の前日に行われていた。4月の田の営みの時期には山の神が田の神として里宮に降り、秋の収穫期すなわち11月には山に帰るという意味を持つ[15]。それならば、神が山宮へ帰る11月の行事が山宮御神幸の本来の姿だと考えることができよう。行事の内容は、『浅間神社の歴史』[16]によると以下の通りである。未の刻（午後2時）に本宮で神事が始まり、木之行事という役職人が神の憑く鉾を左肩に載せ、途中で肩を替えることなく山宮へ向かう。山宮までの道中休憩する際には、鉾を御休石の上に敷柴（榊）をして、その上に安置する。山宮に着くと神事が行われ、同日夜・丑の刻（午前2時）に還幸となる。山宮へ向かう昼には沿道の家々は戸を閉ざすことから、生活空間と祝祭空間の境界をはっきりと引いていることが伺える。行事の名残として、浅間大社境内の楼門前と山宮浅間神社の籠屋近くと石段の手前の両所に1つ鉾立石が御休石として現存している（図5、図6）。

3-2　御神幸の順路

　山宮御神幸の順路は『大宮町誌』[17]の記述によると以下の通りである。これを①から④に区切り、御神幸道の順路として図15、16に示す。

　　古来山宮神幸の道筋は、樓門を出で左に馬場を通過し、馬場の石垣盡くる所に於て左折し小堀に掛たる、行事橋といへる小石橋を渡らせられ、これより右折して神田川に架たる、神幸橋という屋形橋を渡り玉ふ、此を東し、左折して神輿は、御旅所と唱ふる森裡、御休殿に入らせ給ひ（福石神社の北裏にあり、樹木今に存す[18]）①、夫より斜に小坂上がり別當村の南端に出で、右折して東し、澁澤を渡り又東して地藏橋より若之宮に通ずる里道を横ぎり、東に向て直行し村山海道に出づ②、ここを「かくれの森（今は遺跡存せず）」と稱し、御旅所あり茲に憩ひ給ひ、これより北行して東萬野原の南堺に出で、御旅所に入り給ひ（御旅所趾今に存す[19]）③、是より又北行して山宮の御社地に入らせ給ふ順路なりき④、還幸の時亦同じ。

順路には、目印となる御旅所、川、橋、神社、地名が示されている。加えて方角もはっきり記述されており、おおよその順路が推定できる。

図7　湧玉池にかかる神幸橋と東鳥居
　　（2015年8月18日筆者撮影）

図8　御神幸道首標の碑
　　（2016年5月6日筆者撮影）

さらに山宮御神幸の行路に配置された丁目石も順路を知る手掛かりになる。御神幸道の起点となる首標の碑は、浅間大社の境内にある湧玉池のほとりにある。ちょうど湧玉池が神田川に至る場所には神幸橋があり東鳥居との間になる（図7、図8）。この首標石は昭和59（1984）年に浅間大社の土中から掘り起こされ、奉納者の子孫の一人が新たな台座に固定し、もとあったであろう場所に修復設置された[20]。首標石には、「元禄四年末年十一月」と奉納時期がはっきり示されており、折しもその時期は富士講が流行していた江戸期である。また「自當社山宮神幸道五十丁證碑首也」つまり、「当社より山宮神幸道五十丁を証する碑である」と刻まれているが、以下の3つの解釈ができる。①丁目石の総数は首標

図9　三丁目の碑
（2016年5月6日筆者撮影）

図10　四十六丁目の碑
（2016年5月6日筆者撮影）

図11　四十七丁目の碑
（2016年5月6日筆者撮影）

図12　四十九丁目の碑
（2016年5月6日筆者撮影）

表4　丁目石の所在

石　碑	座　標	所在地の概要
三丁目	35°13'39.3"N 138°36'53.2"E	永正12（1515）年頃に築城された大宮城の鬼門除けとして建立されたとの由来がある萬松院の墓地の北。元城町の住宅地の細い街路の脇にある。
四十六丁目	35°15'53.3"N 138°38'00.5"E	2001年に開通した浅間橋（国道469号と山宮北交差点を結ぶ）北の空き地にある。この空き地にはかつての山宮御神幸に由来する名の御迎坂（図13・14）があったとされるが、現在では四十七丁目の石碑付近で道が途絶えている。
四十七丁目	35°15'57.7"N 138°38'01.8"E	四十九丁目の石碑より300mほど北東に位置する。県道180号の一本西にある御迎坂の道端にある。上宮内から流れる沢が周囲一帯の森を通る。
四十九丁目	35°16'05.9"N 138°38'05.9"E	山宮浅間神社から南西方向に300mほど進むと鳥居と小さな祠がある山神社の側にある。山神社に沿った道がかつての御迎坂である。

（2016年5月に行った現地調査をもとに作成）

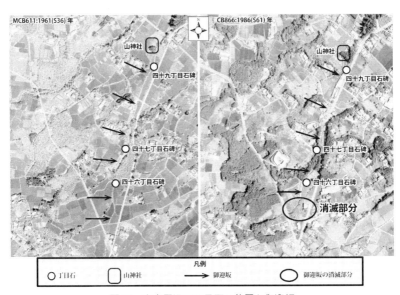

図13　山宮周辺の丁目石の位置と御迎坂
（国土地理院発行　空中写真：左に整理番号 MCB611（1961年撮影）を右に CB866（1986年）を配置し加筆）

33

石を除いて 50 基の丁目石がある、②首標石を 1 丁目としその他に 2 丁目から 50 丁目の丁目石がある、③首標石を含め 1 丁目から 49 丁目の石碑が 50 基ある。どの解釈は正しいかは 1 丁目および 50 丁目の石碑の存在がはっきりしない限り分からない。しかしながら本稿では①と仮定し、論証していく。なお、現在す

図 14　御迎坂の風景
（2016 年 5 月 6 日筆者撮影）

る丁目石は三丁目（図 9）、四十二丁目、四十六丁目（図 10）、四十七丁目（図 11）、四十九丁目（図 12）のみである。四十二丁目は、史料の記述と現存する丁目石との距離関係から、もとの場所から移動したと考えられる（図 16）。現在する丁目石の位置を表 4 に、推定した御神幸の行路を図 13、図 15、図 16 に示す。

　さらにここから御神幸道すべての行路を考察し地図化を試みる。丁目石、御神幸道にある神社も同様に地図上に示し、行路を加筆した（図 15、図 16）。行路にある神社は計 6 社でいずれも浅間大社あるいは山宮浅間神社に縁故の深い神を祀ってあると考えられる（表 5）。図 16 を注意深く考察すると、富士山道の道標（図 17）を分岐点とし、東に続く

図 15　山宮御神幸の行路①・②
（2 万 5 千分の 1 地形図[21]に加筆）

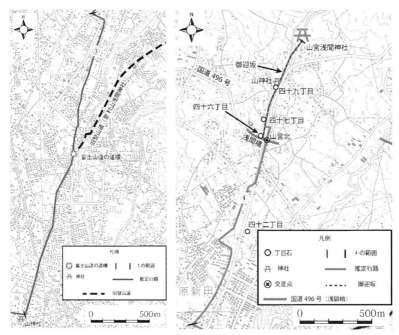

図16　山宮御神幸の行路③（左）から④（右）
（2万5千分の1地形図[22]に加筆）

表5　山宮御神幸の行路にある神社の概要

名称	所在	祭神	社格	備考
福石神社	元城山町 19-2	大己貴命、猿田彦命、磐長姫命	旧村社	浅間大社社人の公文富士氏が屋敷神として奉斎したのが始まり。
城山富士浅間神社	元城山町 26-13	木花之佐久夜毘売命	不明	すぐ側に「山神戸神幸橋（図18）」が架かる
若之宮浅間神社	元城町 32-28	浅間第一御子神	無格	浅間大社の元摂社。咲耶姫命の第一王子を祀る。
木之花山神社（山神社）	大宮 1778 番	大山祇神	無格	木花之佐久夜毘売命の父とされる大山祇神を祀る。例祭陰暦9月17日。
山神社	若の宮町 550	大山祇神	無格	例祭陰暦9月17日。
山神社	山宮にある。35°16'07.4"N 138°38'06.2"E	大山祇神	無格	木花之佐久夜毘売命の父とされる大山祇神を祀る。

（『大宮町誌』[23]をもとに作成）

35

道は富士山における修験道の中心地であった村山浅間神社へと至り、西に続く道は山宮浅間神社へと至るが、どちらも共通して浅間神社であること、神社の側からそれぞれの登山道が山頂へと延びていることがわかる。
　ここまで史料・丁目石・現地調査・空中写真をもとに、山宮御神幸の順路と行路の推定を行った。同時に、御神幸の行路にある神社は、御神幸道を結ぶ富士山本宮浅間大社および山宮浅間神社と関係性があることが分かった。特に神社の祭神は共通して、浅間神社の神である木花之佐久夜毘売命と、その父とされる山の神・神山大山祇神が祀られている。さらにそうでない神社であっても、何かしらこの祭神と関係している。祭りの際に、祭神が神輿などによって各地区を巡って神幸し、神が仮に鎮座するあるいは休憩のために神輿を安置する御旅所があるが、御旅所は祭神に関わりのある場所に設置されることが多い。御神幸道にある神社は御旅所の特徴を有していると考えられる。以上のことから、御神幸道の行路は、山の神と何かしら関係のある場所を通ることを目的に設定されたことをとりあえずの結論とする。
　次章では、失われた丁目石の配置場所の復元を試み、本章での主張（御神幸道の推定行路とそこにある神社の意味）を再考察する。

図17　登山道の道標（右が旧登山道、左が御神幸道）
（2016年5月5日筆者撮影）

図18　城山富士浅間神社側の山神戸神幸橋
（2016年5月6日筆者撮影）

4 GISを用いた丁目石の配置場所の復元

4-1 GISを用いるために必要な準備と手順

　GISを用いた丁目石の配置場所の復元では、まずAdobeのIllustrator（CS5）に御神幸道の行路となる富士山本宮浅間大社と山宮浅間神社の範囲となる国土地理院発行2万5千分の1地形図[24]をトリミングしてベースマップとして配置する。この際、視認性と判読性を高めるため、配置したベースマップの不透明度を44％に設定する。次に、御神幸道を結ぶ富士山本宮浅間大社と山宮浅間神社、村山浅間神社の位置を示した。同様に、行路にある神社の位置も示す。富士宮市富士山世界遺産課による山宮御神幸の行路[25]をもとに、推定されている御神幸の行路と現存する丁目石を地形図上に加筆した。なお、『大宮町誌』[26]に記述されている推定行路は①から④区分し、その範囲をベースマップ上に配置した。山宮御神幸と関連づけられる要素として、神幸橋、富士山道の道標、村山浅間神社に至る旧登山道、国道496号の一部である浅間橋を記した。この際、ベースマップは発行年が若干であるが古いゆえ、国道496号浅間橋付近（図16右）は記載されていなかった。北山宮交差点から東側はまだ開通していない部分があるため途中で国道が途切れているが、四十六丁目のランドマークとなる浅間橋があるため示した。御迎坂は反対に古道ゆえベースマップには記載されておらず、推定行路に重ねるかたちで表示した。GISの地図上に文字情報が多すぎると空間情報が見えにくく判読性が保ちづらいため、図15、図16のランドマークを残し、ほとんどの文字情報は凡例に示した。これをベースマップとしてGISの地図画面上に取り込んで表示させる。なお、GISソフトはオープンソースソフトウェアのQGIS2.4.0バージョンを使用し、座標系は日本測地系2000を定義した。空間位置の誤差を除き、基準点を用いて正確な地理

座標を求めるために、グラウンドコントロールポイントを計4点取得し、幾何補正したラスターデータをGISで表示する。以上の作業で位置情報を持ったGIS上のベースマップが完成し、距離計算などが可能となる。

4-2　GISを用いた丁目石の配置場所の復元

　ようやく丁目石の配置場所の復元作業の準備ができたところで、まずは御神幸道の距離を求める。ベースマップに示した御神幸道をもとに、新規のベクターラインを作成したところ、御神幸道の全長は6,291mとなった。ここで一つ留意しなければならないことは、この全長は平面上の全長であり標高データを持っていないことである。つまり全長・標高差あるいはその両方が大きくなればなるほど、平面上の全長と標高を加味した全長との差が生じ、丁目石の設置される平均距離の精度が失われる。

　ではここで標高を加味した丁目石の全長を標高から三平方の定理を用いて求める。富士山本宮浅間大社の標高115.8mをF、山宮浅間神社の標高382.1mをY、その差266.3mをS、平面上の全長（底辺）6,291mをZとする定義した場合（図19）、以下の数式で標高差を加味した全長（斜辺）HZを求めることができる。

$$Z^2 + S^2 = \sqrt{HZ}$$
$$(6{,}291 \times 6{,}291) + (266.3 \times 266.3) = \sqrt{39{,}647{,}596.7}$$
$$HZ = 6{,}296.633 \, (m) \cdots （答）$$

標高差を加味した全長（斜辺）HZと平面上の全長Zの差は以下の通りである。

$$HZ-Z = 標高差を加味した全長（斜辺）と平面上の全長の差$$
$$6{,}296.633 - 6{,}291 = 5.633 \, (m) \cdots （答）$$

　ただし、誤差はあくまで一つの標高ポイント（山宮浅間神社）から計算したものであり、実際の全長とは異なる。より実際の全長に近づけるためには、起伏の顕著な場所になるべく多くの標高ポイントを設定し、

それぞれの斜辺を小計し合算したものを全長とすることが望ましい。本稿では、地形図を見る限り始点の富士山本宮浅間大社から終点の山宮浅間神社へはゆるやかな勾配だったことを考慮し、一つの標高ポイントからの全長を求めた。また、丁目石の配置や距離に関する細かな論証はあくまで平面上の全長をもとにおこなうため、実際の全長と誤差があることを指摘するに留める。

次に平面上の全長に始点となる富士山本宮浅間大社の首標石と終点となる山宮浅間神社の間に丁目石を配置する。ところで、現存する丁目石の間隔はいかほどだろう。連続する丁目石である 46 丁目と 47 丁目の距離間は約 124m である。富士宮市文化課埋蔵文化財センターの記述[27]では、丁目石は名前の通り、1 丁 60 間、つまり約 109m ごとに建てられているようだ。これを参考に、御神幸道の全長を 109m で割り、丁目石の数を算出した結果、丁目石の数は 57 基となった（図 20）。しかしながら、丁目石の首標石に刻まれた文字（図 8）によると丁目石は全部で

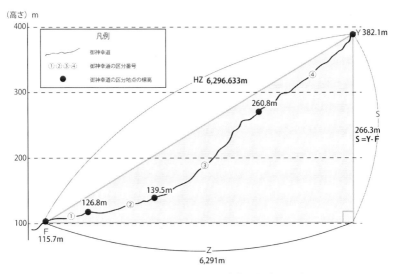

図 19　三平方の定理を用いた標高差を加味した全長

50基であるから、すべてが109m間隔に設置されている訳ではないと言えよう。では、丁目石の総数が50基ではその平均距離間隔はいかほどか。丁目石を約123mの間隔で設置すると50基となる（図21）。

さらに109m間隔と123m間隔の丁目石について比較する。当然のことながら異なる距離間隔で設定した同一の丁目石の距離間は、始点とな

図20　109m間隔に設定した丁目石（富士山本宮浅間大社付近）

図21　123m間隔に設定した丁目石（富士山本宮浅間大社付近）

山宮御神幸道の復元に関する試論

る富士山本宮浅間大社の首標石から終点の山宮浅間神社に向かって、徐々にひらいてゆく（図22）。その最大の間隔は五十丁目に相当し、その距離は717mにもなる（図23）。

以上のことから、丁目石は一定の間隔を保ちながら配置されているとは考えにくく、あくまで行路の目印の意味であると考えられる。富士宮

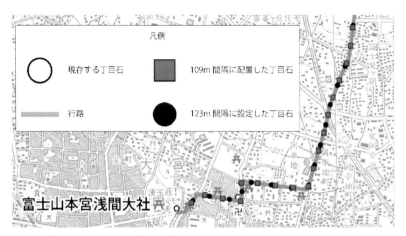

図22　109m・123m間隔に設定した丁目石（富士山本宮浅間大社付近）

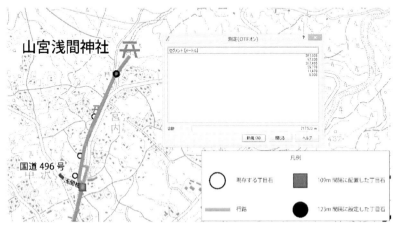

図23　丁目石を109m間隔と123m間隔に設定した場合の最大距離
　　　（五十丁目の石碑を想定）

41

市の丁目石に限らず、和歌山県九度山町から高野山へ通じる高野山道の参詣道には信仰の道の道標として町石が設置されている。しかし、丁目石と町石の性質は異なる。町石は人が山の霊場（神のいる場所）へ行くための目印であり、道標としての実用性が求められるが、丁目石は神が往来する道の目印としてランドマーク的意味で存在する。加えて、生活空間である「ケ」と、祭り行列が通る空間、つまり御神幸道を「ハレ」として、その空間を区別する結界としての役割を丁目石は有している。以上のことから、丁目石の設置される距離はあまり重要ではないと考えられる。また先述の通り、山の神と何かしら関係のある場所（神社）を通ることを目的に設定されたことを指摘したが、これら神社も同様に行路の目印になると考えられる。丁目石の間隔が一定でない理由を以下に指摘し、本章の結論とする。①始点である富士山本宮浅間大社の周辺にある浅間神社の神と関係のある神社が丁目石の代わりに目印となるため、関係する神社周辺の丁目石の間隔は一定ではない。②生活空間である「ケ」と祝祭空間である「ハレ」の境界を示すための役割を有しており、さらに神の通る道の目印としているため、その間隔は重要ではない。③丁目石の設置当初（恐らく元禄年間）から続く度重なる道路整備で御神幸道の道幅が変化し、現在の行路で距離を推測しても精度が落ちて設置当初の間隔とは異なる。

5　おわりに

本稿ではまず、山岳信仰と浅間神社の成立について述べたうえで、山宮浅間神社から富士宮浅間大社への遍座をについて詳しく記述し、山宮浅間神社と富士山本宮浅間大社の崇拝形態の違いについて指摘した。さらに、江戸時代に最盛期を迎えた富士講については、信仰圏の中核である関東・中部地方の浅間神社の分布および人穴富士講の碑塔に刻まれた

地名から、富士講の中核地は江戸でありその周縁にも波及していることを指摘した。本稿の要所である世界文化遺産の富士山本宮浅間大社と山宮浅間神社で行われていた山宮御神幸について、その行路とそこに配置される丁目石をもとにGISを用いてその位置関係や周辺の空間についての考察、現存しているものも含めた丁目石の配置場所の復元してきた。まず、丁目石の配置される御神幸の行路について、史料と現存する丁目石4基を手掛かりにして断定した。次に、丁目石を一丁つまり109m間隔で行路に配置した場合と首標石に記された丁目石の総数50基を配置した場合の比較を行い、丁目石は同一間隔で設置しているわけではないと明らかにした。始点である富士山本宮浅間大社の周辺にある浅間神社の神と関係のある神社の存在を指摘し、その神社が丁目石の代わりに目印となる役割を有していると推測し、とりわけ関係する神社周辺の丁目石の間隔は一定ではないことを考察した。加えて丁目石は、生活空間である「ケ」と祝祭空間である「ハレ」の境界を示すための役割を有しており、さらに神の通る道の目印としているため、その間隔は重要ではないと考察した。

　以上の考察はいささか精細さを欠いたように思われる。その理由として、まず、丁目石の総数に関する捉えかたである。丁目石は50基あるとされているが、首標石を一丁目とみなすのか、首標石を含まず50基あるのかなど、解釈の仕方により丁目石の配置場所の復元に大いに関係してくるため、まずはこの解釈をはっきりさせる必要がある。次に、行路を考えるうえで最も有効な手がかりである丁目石は、度重なる住宅開発・道路整備により当時の道路は変化し、丁目石のほとんどが失われたため、行路もあくまで推定に留まったこと。最後に、GISを用いて行路と丁目石の分析・考察を行ってきたが、標高差を考慮しない平面上のものとして行路をとらえたこと。以上を今後の課題とし、克服する手段と方法を述べて本稿の結びとする。

　まず御神幸の順路について、富士宮市富士山世界遺産課による山宮御

神幸についての記述[28]によれば、『山宮御神幸路間數覺』という資料に順路間の距離が示されているようだ。この資料の著者は、四和尚宮崎氏で、恐らく富士山本宮浅間大社にお勤めの神職だと考えられる。上記の資料の入手および、関係者への聞き取り調査により、順路間の距離の把握と行路の断定を進めてゆく。また、丁目石の総数についても聞き取り調査を進めていくことで明らかとなろう。行路が断定できたのち、国土地理院が提供する標高データ（数値標高モデル5mメッシュ）をGISに重ねることで標高差を踏まえた御神幸道の全長を明らかにする。さらに、丁目石の配置に関する細かな距離とその分析には、かつての道路を復元する必要がある。空中写真や2万5千分の1地形図の古いものであればある程度の復元は可能となる。加えて、史料に記載されていた御神幸の順路にある御旅所、川、橋、神社、地名などは土地宝典[29]によって断定できると期待している。

　最後に、明治6（1876）年の神事を最後として、山宮御神幸の痕跡は丁目石などの史跡にのみ感じることができる。それから100年以上経った平成18（2006）年、富士宮市観光協会主催のもと、浅間大社神幸会および浅間神社青年会のメンバーが中心となり、山宮御神幸が復興された。現在もその行事は初申祭とともに4月上旬に行われている。この行事の観察および関係者への聞き取り調査も山宮御神幸の研究に有益であることを期待する。

注
1）文化庁「「富士山」の世界文化遺産推薦について」2012年
2）柳田國男「山宮考」『柳田國男全集14』筑摩書房，1990年
3）松浦健治郎「都市空間に演出される祝祭空間の都市形態学的読解―春と秋の高山祭りを事例として―」『都市計画論文集』47（3），583-588頁，日本都市計画学会，2012年
4）富士宮市郷土史同好会編「山宮御神幸を偲ぶ」『月の輪』第3号，44-56頁　富士宮市郷土史同好会，2002年
5）富士宮市HP「御神幸道」（2016年8月1日閲覧）http://www.city.fuji-

nomiya.shizuoka.jp/citizen/llti2b0000002s4b.html
6）福田アジオ・新谷尚紀・湯川洋司・神田より子・中込睦子・渡邉欣雄　編『精選日本民俗辞典』233 頁，吉川弘文館，2006 年
7）前掲 5
8）景山春樹『神体山』学生社，1971 年
9）富士宮市 HP「「山宮浅間神社遺跡発掘調査報告」展」(2016 年 8 月 1 日閲覧)
  http://www.city.fujinomiya.shizuoka.jp/citizen/kjdvo40000000xyd.html
10）富士宮市史編纂委員会『富士宮市史（上巻）』297 頁，富士宮市，1971 年
11）前掲 10，297 頁
12）前掲 10，296 頁
13）前掲 10，298 頁
14）前掲 10，797 頁
15）前掲 2
16）官幣大社浅間神社編，宮地直一・廣野三郎著『富士の研究 2　浅間神社の歴史』古今書院，1927 年
17）土屋勝太郎編『静岡県富士郡大宮町誌（復刻版）』382 頁，大宮町誌復刻刊行会・富士宮市郷土史同好会，1987 年，1930 年刊の複製
18）2009 ～ 2010 年に行われた福石神社境内の整備により御神木であるイチョウの木は姿を消した。
19）筆者は 2015 年 8 月 17 日に現地にて調査を行ったが，確認できなかった。
20）前掲 4，44 頁
21）国土地理院 2 万 5 千分の 1 地形図「天母山」2003 年修正測量。2 万 5 千分の 1 地形図「上井手」1991 年修正測量。2 万 5 千分の 1 地形図「富士宮」1991 年修正測量，1997 年部分修正測量（国道）。2 万 5 千分の 1 地形図「入山瀬」2001 年修正測量。
22）前掲 21
23）前掲 17
24）前掲 22
25）富士宮市 HP「山宮御神幸道を歩くコース図」富士山世界遺産課（2016 年 8 月 1 日閲覧）http://www.city.fujinomiya.shizuoka.jp/fujisan/kjdvo40000001fv0-att/kjdvo400000056zb.pdf
26）前掲 17
27）前掲 5
28）富士宮市 HP「山宮御神幸道を歩く」富士山世界遺産課（2016 年 8 月 1 日閲覧）http://www.city.fujinomiya.shizuoka.jp/fujisan/kjdvo40000001fv0-att/kjdvo400000056z5.pdf
29）出版社不明「静岡県富士宮市土地宝典（地番地積地目賃貸価格等級入図)」1930 年頃，伊藤正編「富士宮市土地宝典（大宮・富丘地区）(北山地区)」「富士宮市土地宝典（北山地区)」帝国地図，1976 年

小磯良平の戦中期作品における群像表現の展開
―― エドガー・ドガ受容との関係を中心に ――

恵 崎 麻 美

　国民の戦意昂揚、そして戦争の記録を歴史画として残すことを目的に、大日本帝国陸海軍が公式戦争画の制作に着手したのは1938年のことである。これに伴い著名な画家たちは、派遣画家や報道班員という肩書きを与えられ戦地に派遣されるのであった。

　そうした時代の渦中にあって、西洋美術研究に裏打ちされた写実力と技術の高さが評価されていた[1]画家小磯良平（1903-1988）も、戦争記録画の制作を依頼されるに至る。彼は1938年から1943年までの間に、都合、四度の従軍を経験し、朝日文化賞や第一回帝国芸術院賞受賞の栄誉を得るなど、花形の戦争画家として活躍するのであった。

　さて、「同時代の戦争の記録[2]」という課題を突き付けられた戦争画家たちの多くが、西洋の美術に範例を求めたことが指摘されるが[3]、小磯作品においてはどうであろうか。

　小磯は2度の渡欧を経験した他、およそ2300冊にものぼる美術書を所有[4]し、古代から現代に至るまでの西洋の芸術を研究していたことが知られているが、この西洋画家受容の作業は、この時代に限って中断したとはいえないであろう。いや、むしろ戦争画制作で求められる「大画面」の「群像」表現という、かねてからの彼の課題[5]に取り組むことにより、その作業の密度をより濃密なものにしたと述べることができると、筆者は考えるのである。

　特筆すべきは、小磯が1930年代後半に、踊り子を主題とする一連の

作品や、モティーフの切断表現を用いた《洋裁する女達》(1939年 o-0192)など、エドガー・ドガ(Edgar Degas, 1834-1917)への強い関心を窺わせる作品を数多く手掛けていたことである。そして、彼が初めて従軍と戦争記録画制作を経験する1938年には、「ドガは今私の頭の中で大きな面積をしめている。まだまだながめつくせない[6]。」との言葉を残すに至る。つまり、戦争画制作に取り組んだ時期に、小磯の中でドガの比重が大きくあったことが窺えるのである。

　美術史研究のアカデミズムの場においては、ほとんど語られることのなかった戦争美術について、1990年代以降にその議論が活発になるなか、小磯の戦争画制作の全容を明らかにしようとの試みが、廣田生馬によって初めて成し遂げられた[7]。ただ最初の小磯の戦争画総論として、年代ごとの記録と制作の過程を振り返ることを意図したこの研究では、西洋美術受容や、他の作品との関係、小磯の画業の流れの中での戦争画の位置づけという観点からは多くは述べられていない。

　また、小磯の群像表現の変遷の研究に取り組んできた辻智美は、戦争画制作にあたって画家の重要な課題であった群像表現に取り組み、その様式が1941年の《斉唱》(図17)において確立したと指摘する[8]。筆者もこれを重要な視点と捉え、小磯の群像表現に着目するが、ただその研究に本格的に取り組んだ論文[9]において、戦前から戦中期の作品に関しては、主に人物配置や構図という観点から展開を分析することを意図しているため、戦争画と他の作品を同時代的にみることに、重きは置かれていないようである。

　先行研究を踏まえた上で、筆者の課題は、この時代の作品について語るのに時代背景のみに偏向しないことと、戦争画とその他の作品とを切り離して検証しないことである。確かに戦争画は国威発揚に貢献するという目的をもつ、特殊なジャンルの芸術であったことは確かである。また、小磯の西洋受容の作業がある種の変質を迫られたことも事実であっただろう[10]。しかし、小磯のこの時期の作品は、戦争という特殊性の

みに支えられていたのではない。

　沖縄出身の画家大嶺政寛（1910-1987）の言葉は、このことを象徴的に示すものである。彼は戦時下に訪れた小磯のアトリエ室内の様子を、次のように描写している。

　　そのアトリエには、異様なものがあった。椅子の上や周辺に、軍服や軍靴や銃剣があり、それらが歩兵や将校の身につけるものであることはすぐ判った。（中略）ところが小磯先生が姿を見せられる寸前、アトリエの隅に放り出されたくしゃくしゃの布の塊りのようなものを発見した。それに向けられた私の視線を捉えて、「それは踊り子のスカートだよ」と笑った[11]。

　本稿の目的は、戦争画と同列に他の作品を並べ、特にその群像表現に着目して画面を具体的に分析・比較することによって、彼の戦中期作品に関する新たな視点を探ることである。そしてその際、この時期に小磯の「頭の中で大きな面積をしめて」いたドガの受容という観点は、決して外して考察できないものと考えられるであろう。
　そのため第1章では、踊り子のモティーフ・技法の借用など、この時期の小磯のドガへの関心が結集した作品《練習場の踊子達》（1938年）（図5）を取り上げ、特に群像表現に注目し、その観点から小磯の群像画におけるドガ受容の特徴について考察する。また、これに続いてドガの摂取に取り組んだと考えられる《踊り子》（1939年）（図10）《踊り子群像》（1939年）（図11）などについても検証を加えたい。
　続く第2章では、前章でドガ作品との関係を分析した《踊り子群像》と、人馬の重なりや群像表現に特徴がみられる戦争画《兵馬》（1939年）（図14）の画面分析を行う。ここでは、先行研究において比較して論じられることがなかったこの二作品について、その群像表現の類似を指摘した上で、小磯の群像画の一つの到達点と評されている[12]《斉唱》（1941年）

(図17) への展開について考察する。

　その上で第3章では、従来取り上げられること自体少なかった戦争記録画《皇后陛下陸軍病院行啓》（1943年）（図23）について、筆者が調査により得た、参考にされたと考えられる写真と比較することによって、小磯が施した工夫の抽出を目指したい。そして彼が追求してきた群像表現の技法が本作においても用いられていたことを、新たに指摘したいと考えている。

　以上の3章を通して、小磯が、戦中期作品で群像表現の課題に取り組むにあたって、ドガを受容し、それを展開させる過程について考察する。そうすることによって、この時代の彼の作品制作における西洋美術受容と芸術の反映の一端を捉えること、彼の画業におけるこれらの作品の位置づけについて考える足掛かりを得ることが、本稿の目的である。

1　踊り子の群像画にみるエドガー・ドガ受容

　小磯におけるドガ受容を検証するにあたって、検討の俎上に上すべき資料として、小磯の旧蔵書・資料群が挙げられるであろう。その類別はカタログ・レゾネ、数種の画集のほか、デッサンの複製や写真など、多様を極めるが、とりわけ、エドガー・ドガに関する資料は、他の画家の資料に比べて豊富であることが指摘されている[13]。また、彼の編著になる画集や技法書、美術雑誌に発表した小文において、ドガの画風や技法、その作品について小磯が解説を加えたことも確認できるのである[14]。

　そのため、従来の小磯研究においても、その影響や関連性は幾度となく指摘されてきた。しかしそれらの多くは断片的な言及に留まり、十分な論及がなされたとは言い難いと考えられる。そこでまず、先行研究や小磯の証言を取り上げながら、彼のドガ受容の内実について検討を加えたい。

小磯良平の戦中期作品における群像表現の展開

　小磯のドガ受容としては、まず踊り子のモティーフの借用がつとに指摘されるところである。これは、ドガが、「踊り子の画家」と称されるほど数多くの踊り子作品を手掛けており、小磯自身が、生前に「ドガの影響がなければ、ぼくのバレエの作品は生まれなかったかも知れませんね[15]。」と述べていたことからも明らかであろう。

　ただ、その動機に関して、先行研究においては、小磯が制服のデザインを手掛けるなどコスチュームに強い関心をもっていたこと[16]、そして、「むしろコスチュームの人物に終始惹かれている。踊り子を描く場合も、そのコスチュームに関心があった[17]。」と語っていることなどから、彼が衣装に関心をもって踊り子のモティーフを取り入れたことが強調されがちであった[18]。しかし小磯の言葉を追うと、同じ文章の中で、「アトリエで、多少バレエの心得のある普通のお嬢さんにバレリーナのコスチュームを着けてもらって[19]」描いたとも述べている。また、《踊りの前》（1934年）（図1）のように、主に人物の上半身を捉え、装飾品や衣装の繊細な表情に関心を示したような作品の制作においても、「上っ面だけの描写」ではいけないという考えのもと、わざわざバレエの先生だった人物にモデルを依頼して描いていたことが判明しているのである[20]。この事実は、小磯が踊り子のモティーフを通してドガから摂取しようとしたのが、衣装という表層的なもののみではなかったという一面を示しているであろう。

　小磯が《洋裁する女達》（1939年）のような作品で、ドガが積極的に取り組んだモティーフの切断表現を用いていたことは、「ドガの影響を顕著に受けている[21]」と指摘されるところであるが、他に彼がドガから摂取しようとした技法の一つと考えられるのが、本稿がテーマとする群像表現である。

　もともと小磯は、《三人之図》（1927年 o-0028）《二婦人像》（1931年）（図3）《午后の客》（1933年 o-0061）など群像画においてはめざましい評価を得られていなかったという[22]。そして相当準備をして描いた

という大作《人々》（1937年）（図2）に対しても、年来の親友で詩人の竹中郁（1904-1982）には「その煩悶或は時代転換への野心作であったが、画中人物のドラマ不足から、惜しい哉失敗してしまった[23]。」とされ、富永惣一に「人物があまりに静物的な位置を守りすぎて人々の間に熱っぽく通う筈の空気や動きや愛情の口語に乏しい[24]」と評されていた。

そんな中小磯が1938年に手掛けた《練習場の踊子達》（図5）は、小磯の群像画における新たな試みとその後の展開を物語る、重要な位置を占める作品といえるであろう。1934年以降単体の踊り子のモティーフを頻繁に描いていた小磯が、初めてその群像画に挑戦したのが本作であった。

ここに描かれているのは、踊り子や手伝いらしき女性、演奏者たちが憩う室内の情景である。本作の画面は、八人もの人物の群像によって構成されているが、その表現において特徴的なのは、ジャケットや上着を羽織っている者がいるものの、女性たちの顔や髪型、衣装がごく似通っていることであろう。というのは、小磯はここで同じモデルに、異なったポーズをとらせるか、見る角度を変えて複数のデッサンをとり、それらを同一画面に構成して描くという方法をとっているのである。しかも彼は、それらの人物たちを同じ顔で描き、興味深いことに一人のモデルのポーズを合成していることを、画中にそのまま残している。この手法は、これから取り上げる《踊り子群像》（1939年）（図11）《兵馬》（1939年）（図14）《斉唱》（1941年）（図17）や、後の《麦刈り》（1954年 o-0473）《三人の踊り子》（1970年 o-0935）など数々の作品で応用して用いられることになったものであり、本来、大いに検証がなされる必要があるといえるものである。

ところがこの表現に関しては、従来の小磯研究において多少の指摘はされているものの、具体的に論じられたことはそう多くはない。岡泰正は、この手法自体は決して特殊なものではなく、歴史を遡ればアントニ

オ・デル・ポッライオーロ（Antonio del Pollaiolo, 1429/1433-1498）の《裸の男たちの戦い》（1470年代）にも見られるように古くから行なわれて来たことであると、直接的な影響関係には触れずに絵画史上に位置付ける旨の指摘をしている[25]。一方、辻智美の場合は、小磯がこの手法を最初に用いた作品として《二婦人像》（1931年）（図3）を挙げ、ここに1928年から30年の滞欧期にルーヴル美術館を訪れた際に、小磯が佇立して見ていた[26]というテオドール・シャセリオー（Théodore Chassériau, 1819-1856）の《姉妹》（1843年頃）（図4）の影響を見ている[27]。シャセリオーは、身体のサイズ、外観、身につけているコスチュームも同じ二人の姉妹を描いていたのである。

　小磯の群像表現の展開においては、シャセリオーの《姉妹》からの影響は否定できないであろうが、単線的な関係に留まるものではないと考えるのが妥当であろう。確かに《二婦人像》《憩う》（1936年 o-0112）や《人々》（1937年）（図2）においても、小磯は同一人物の異なるポーズを同一画面に構成する方法を用いているようである。しかし、それぞれが身に付ける衣装は異なっており、絵画で与えられた役割に従って、別個の人物としてポーズをとっていることが見てとれるのではなかろうか[28]。つまり、《練習場の踊子達》の表現とそれ以前の群像表現の性格は、異なっているものと考えられるのである。

　《練習場の踊子達》（図5）では、同じ髪型、同じ服装の人物が、前景左で正面を向く踊り子から、奥の複数人の踊り子を経て、画面右の中景にいる踊り子にかけて円弧状に配置され、同一のモデルの様々なポーズが組み合わさっている。この人物の配置によってつくられたV字型の構図に関しては、《人々》の構図で得たものが応用されているとの指摘がなされているが[29]、加えて《練習場の踊子達》にあっては、同一の背格好の人物で構成することによって、それぞれの描かれた人物の個性の代わりに、画面に連続性とリズムをもたらすことに成功しているといえるであろう。これは二人の女性を並列させたシャセリオーの《姉妹》

とも、同一人物であることをあまり意識させない、それまでの小磯の群像画とも異なる試みであったと考えられよう。

筆者は、この《二婦人像》（1941年）から《練習場の踊子達》のような作品に発展していくために必要であった、重要な導因の一つがドガの受容であったと考えている。

なぜなら、《練習場の踊子達》を出品した1938年の第3回新制作派展のパンフレットにおいて、小磯は次のように述べているのである。

> シャッセリオーを好む気持と似たものをもってドガの踊り子でない人物画をいつもながめるのだ。私はドガの人物画を愛するものだ。（中略）ドガは今私の頭の中で大きな面積をしめている。まだまだながめつくせない[30]。

この言葉からは、当時小磯がモティーフのみに留まることなく、ドガに強い関心を寄せていたことが窺えるのであり、実際、出品作である《練習場の踊子達》において、彼は数々のドガ作品と技法に示唆を受けていたようなのである。ここからは、本作をドガ作品と比較することによって、小磯がドガから接取した表現や技法について分析を加えることとしたい。

まず主題に関して述べれば、本作の練習場の踊り子と弦楽器をもつ男性というモティーフは、ドガの《ダンスレッスン》（1879年頃）（図6）や《リハーサル》（1878-79年頃）を彷彿とさせるものであるが、特に《ダンスレッスン》は構図の上でも、《練習場の踊子達》と類似する点が多いといえるであろう。後ろのバーをもつ踊り子と、右端で画面の縁によって背中が切り取られた弦楽器をもつ男性という画面の構成。また、《ダンスレッスン》では、ドガが画面を継ぎ足したためであろうか、右端で演奏する男性を縦断する継ぎ目があるのが見受けられるが、《練習場の踊子達》でも、ちょうど同じぐらいの位置に、棒のようなものが描かれ、

やはり右端の演奏者の男性を縦断しているのである。

　実はドガは《競争前の騎手》（1878-79 年）（図 7）のような作品で、地面より伸びる棒が画面内部で馬を切断し画面を二分する手法を用いていた。小磯は、ドガの《ダンスレッスン》の継ぎ目を見て、こうしたモティーフを棒によって切断する手法を思い出して、本作に用いたのではなかろうか。《練習場の踊子達》の奥で横に走るバーは、ドガの踊り子作品でよく描かれており、小磯作品でもこの時期の踊り子をモティーフとする作品に頻繁に取り入れられていた附属物であった。一方で、この縦断する棒のようなものは《練習場の踊子達》にしか見られないのである。このことも、小磯が《ダンスレッスン》を参考にして本作を手掛けたものと考えれば、説明が付くのではないだろうか[31]。

　同様に、小磯にとって初めての踊り子の群像画となる本作で取り入れられた複数人物を構成する手法に関しても、筆者は、ドガが積極的に取り組んだ画家であったと考えている[32]。

　例えば、《四人の踊り子》（1903 年）（図 8）や《出を待つ踊り子たち》（1878-80 年）（図 9）でドガは、一人の踊り子のポーズや、踊り子を捉える視点を少しずつ変えながら、類似のポーズを同一画面上に反復させている。これはドガの 1870 年代末以降の踊り子を主題としたデッサンや作品によく見られる表現であるが、ここでは捉える視点やポーズの変化による一連の人体の動きや空間の変容、あるいは時間の経過が表現されているといえるであろう。小磯が《練習場の踊子達》で、奥行きのある絵画空間の中にいかに人物を配置するかに注意を払って、画面を構成しているのに対して、ドガのこうした作品では人体そのものの動きとそれによる変化に関心があったため、足元は描かれないか、人物の立っている位置が明確にされないことが多い。しかし、以上の相違にも関わらず、これらの作品のカラー図版は、後の 1955 年の出版ではあるが、小磯が編集と解説を手掛けた『原色版美術ライブラリー　B1　ドガ　踊り子』（みすず書房、1955 年）に掲載されているものであり、小磯の関心

を引くに足る表現であったことは確かであろう。

　また、《練習場の踊子達》の翌年の1939年に小磯が手掛けた《踊り子》（図10）を見れば、小磯が複数の人物を描く際に、ドガからその手法を学んでいたことは明らかだといえる。舞台裏で、左に立つ役者らしき人物と一緒に出番を待っているのであろうか。画面右側に三人の踊り子が描かれているが、ここで小磯は、ドガ作品の踊り子のように大きな身振りなどはないものの、まったく同じ衣装、同じ髪型の三人の踊り子を重ね連ねるように、そのポーズを少しずつ変化させながら、描き出しているのである。ドガがポーズや捉える視点を変化させた、一連の人体を重ねることにより得た効果を、試みているのであろうか、ここで小磯はドガから受けた刺激をより直接的に、画面に反映させているように見受けられる。

　さらに、同年に制作された《踊り子群像》（1939年）（図11）に至っては、ただ薄塗りの緑が塗られただけの横長のキャンバスの中で、同じ髪型、衣装の踊り子が、ポーズと捉える角度を変えて配置されている。踊り子たちの後ろにはバーが、画面右下にはバランスをとるように、椅子が配置されているが、他にはこの場面設定を説明する人物やモティーフは何も描かれていない。もはや絵画に物語性や、それぞれの人物に役割を付与することよりも、小磯の関心はほぼ完全に、人物の重なりと配置、それによって作り出される画面の構成に集中しているようである。

　このように、《練習場の踊子達》以降、小磯はこの群像表現の手法を用いた踊り子の群像画に積極的に取り組んでいるだけではなく、この技法を様々に試み、展開させていくのである。ただ、モティーフに関していえば、1940年頃に手がけて以後は約10年間、踊り子に取り組んでいない。群像画において、踊り子に代って小磯にモティーフを提供するようになっていったのが、戦争であったと考えられる。

2 戦中期群像表現の展開に関する考察

　小磯は、1938年から1943年までの間に四度の従軍を経験したが、従軍に拠っても拠らなくても、殆どの戦争画で事件の発生時や作戦中の光景を直接見ていなかったことが、近年の調査によって判明している[33]。彼は従軍の際に得た現地のスケッチや、兵士の体験談等から構想を練った。そして、その構想をもとに人物のデッサンをして、事件や作戦の記録を絵画に再構成したのである。その際に参考にされたのは、イメージを掴み、事実を確認するための写真や、彼が摂取してきた西洋の芸術であった。

　小磯が初めて手掛けた戦争記録画《南京中華門の戦闘》（1938年）（図12）においてもそうであった。その構想にあたっては、事前にニュース映像や報道写真を見て、現地でも写真やスケッチを得ていた他に、兵士への取材を行うことによって、その記録性を追求していたことがわかっている[34]。

　また本作の制作にあたって、先行研究では、参考にした作品として、ウジェーヌ・ドラクロワ（Ferdinand Victor Eugène Delacroix, 1798-1863）の《キオス島の虐殺》（1823-24年）（図13）があることが指摘されている[35]。比較して見ると、似通っている点として、構図と、前景に主に座っている人物を配して、遠景には街の風景を描き、空には煙が昇っている点が挙げられようが、ただ相違点も見受けられる。《キオス島の虐殺》で、前景と奥にいる人物群が身振りや視線などで交流をもたず、それぞれが独立していて、間の空間にも何も描かれていないこととは対照的に、小磯の場合、前景・中景・遠景それぞれの景色や人物が、ばらばらの印象を見せないように、兵士の視線やポーズ、配置に工夫を施していることである。

　具体的にはまず、《南京中華門の戦闘》の画面右端の煙草を吸う人物

が観者に視線を向けることによって、作品に目を引く。続いて、画面中景へと向かう兵士たちを左右に配置し、さらに前景左の一番手前の兵士の銃剣を遠景と重ねることによって、観者の視線を作品の奥へと誘導する。ここでは、画面左の最も観者に近い位置に対面するように人物を置き、その後ろの中景にあたる位置に複数の人物を重ねるように並べ、そこから右へ移動しながら円を描くようにして手前に座る人物を置いている。この、画面上に円弧状に並べる人物配置に、実はごく近い時期に手掛けられた大型の群像画である《練習場の踊子達》との類似点も見出せるであろう。

　そして次に手掛けられた戦争画、《兵馬》[36]（1939年）（図14）において、小磯は自らの群像表現への関心をさらに果敢に反映させるのであった。というのは、本作は小磯が戦後に「十六年までに「兵馬」というようなテーマを与えられないで、自分勝手にかいたのがあるんです[37]。」と語っているように、軍からの依頼に拠らず、自発的に戦争に関連した主題を選んで制作した作品であった。よって、戦争記録画のように、軍から画題をあてがわれた訳ではないため、かえって「記録性」の問題や公式の戦争画の形式に囚われずに、自身が追及したい表現に集中できたという点で、重要な作品だと筆者は考えている。ここからは《兵馬》の表現について考察を加えていきたい。

　ここに描かれているのは兵士と馬の群像である。まず本作での小磯の関心の一つは、馬の描写にあったであろう。本作を手掛ける直前の時期に小磯は「私はまだ描いた事のない馬を手がけて見ようと思って色々と準備している。（中略）足一本でも馬の顔でもしりでもいい何とかものにしたい[38]」と述べており、馬を描くにあたっては、庭に連れてきた馬のデッサンを準備した他、画集を参考に西洋の画家たちが描いた馬を研究していたことも判明している[39]。この過程で描かれたと思われるデッサンが複数残っているが、中には、下絵の段階で小磯が兵士と馬の重なりに関心をもっていたことが見受けられるものがある（図15）。

小磯良平の戦中期作品における群像表現の展開

　本作の兵馬の重なりの表現に関して、ピエロ・デッラ・フランチェスカ（Piero della Francesca, 1412-1492）の《コンスタンティヌスの勝利》（1452-66 年）（図 16）の人馬が密集した部分との類似が指摘されている [40]。ここで確認されているように、本作は後の 1951 年に小磯が著した『人物画の話』で紹介、解説されているものである [41]。
　ただ小磯の関心は、以上の馬の描写や密集感のみに払われているのではないと考えられる。本作では、確かに前景から遠景にかけて様々な方向を向いた兵士と馬が密集している。またそこにはバケツや煙草や日の丸の国旗 [42] など兵士が身に付ける小道具を、変化させながら登場させているのであるが、それでも雑然とした印象を受けないのは、小磯が本作において、同じ顔の人物を配置して画面を構成する手法 [43] を用いるとともに、その身体の向きや配置にも注意を払っているからだと考えられるであろう。
　本作では画面右に兵士を、観者と対面するように一番手前に配置し、そこから同一の背格好と服装をした兵士の様々なポーズを、画面中央に向かって方向を変えながら回転するかのように、巧みに配置して画面を構成している。そうすることによって、様々な方向を向いた雑多な兵馬の集団に統一感をもたせることに成功しているといえるのではなかろうか。先に述べたように《練習場の踊子達》や《南京中華門の戦闘》でも、左右に観者と対面する人物を一番手前に配置し、そこから奥の人物へと、順々に身体を重ねていく手法は、取り入れられていた。ただ本作の表現に関しては、同年に制作された《踊り子群像》（図 11）との関連が強いと筆者は考えている。
　前章でも取り上げた《踊り子群像》は、一見戦争画と関連の薄いように思われる作品であるが、1939 年 6 月の小磯良平近作個展 [44] に出品したことからわかるように、《兵馬》を手がける少し前に制作された作品であった。そしてここでも、横長のキャンバスに同じ顔、同じ衣装の人物が、回転するかのように方向やポーズを変えながら、画面に配置され

ているのである。小磯は、ドガに学んで踊り子の群像表現に取り組む過程において、《踊り子群像》で浅い横長の空間に、群像を配置する方法を学んだ。そしてそれを応用して、《兵馬》の奥ゆきのある空間の中で、兵士の大きさを前景から中景、遠景に向かって縮小することによって遠近感を表していると考えられる。そうすることによって《踊り子群像》にはない密集感をも表現しているといえるであろう。

二度目の従軍で手掛けられた戦争記録画《娘子関を征く》(1941年 o -0241)において、小磯は《兵馬》で描いた馬の尻を再度取り入れている。ただ、公式の「戦争記録画」の制作にあたっては、その性格を無視して、自らの関心ある表現の追求のみに集中することはできなかったのであろう。本作では、従軍した際に得たスケッチや、現場に居合わせた兵士への取材をもとに、行軍の一情景を歴史画の形式にまとめあげ、見事、第一回帝国芸術院賞受賞の栄誉を得るに至った。

だが同じ時期に、小磯は《踊り子群像》や《兵馬》で取り組んできた群像表現、そして《兵馬》での密集感を、1941年の第4回新文展[45]に出品した《斉唱》(図17)において追求していたのである。

従来《斉唱》の解釈にあたっては、戦時中に描かれたことから、一般的に、戦争画を描く小磯の裏腹な心情が込められているといった解釈を行い、戦争との関係性を強く主張する者もいる。

例えば、竹中郁は、小磯がキリスト教の家庭で育ったことに着目して次のような解釈をしている。

> 色彩を抑制して描いた「斉唱」という女人群像があったが、小磯の思考は何か祈りのようにみえた。市民そのものの叫びではない。その側面に立って、女人の姿をかりて何かへのすがりつきのようであった。それにもまして、例のキリスト教的雰囲気で、讃美歌をうたっているようだった。清く透明であった[46]。

本作の解釈に関する見直しを提唱した廣田生馬は、竹中郁が寄せたこの文章の中に、パターン化された《斉唱》の作品解釈の源流をみている[47]。
　また辻智美は2012年の論文で、本作の解釈とこの女学生たちの制服に対して興味深い視点を紹介している[48]。《斉唱》のモデルの着衣は、小磯が講師をつとめたキリスト教系の松蔭高等女学校の冬の制服であるが、戦時下においてキリスト教教育が中止され、1941年3月には、新入生から、全国の中等学校の統一服を順次着用することが定められたという。小磯は2年ほど前に同女学校に依頼され、校歌の表紙に女学生たちが楽譜をもち並ぶ姿を描いていたのだが（図19）、この統一服の着用という出来事が契機となり、これを思い出させ、《斉唱》制作の構想に至ったというものである。
　小磯がこの時期に、その制服と女学生たちが楽譜を手にもち並んでいる姿を思い出した背景には、確かに指摘されるような戦時下の政策があるといえるのかもしれない。そうした意味で、本作について考えるにあたって、時代背景を無視すべきではないだろう。ただ、《斉唱》の解釈にあたっては、同年の1941年に同じ制服を着たモデルが描かれている油彩画（図21・22）もまた、考慮に入れなくてはなるまい。
　ここで女性は、讃美歌を唄っているのでも、祈っているのでもなく、一方は室内で座り、もう一方は、外光のもとでベンチに腰掛けて白い本を手に持っている。後者では、日差しと白い本が画面を引き立てているのであるが、小磯は自らが描こうとする表現の場面設定に合ったモティーフや背景を配置しているのであり、実際には女性が手にもつのは、楽譜でも、ただの本でも、どちらでも良かったのではなかろうか。彼は当時、このコスチュームをモティーフとして気に入っており、また、大きな意図は、戦前より課題としてきた群像表現を、本作においても継続して追及することにあったと考えられるのではないだろうか。
　小磯は自らの回顧展において、戦争画の公開を厭う傾向にあった一方で、《斉唱》に関しては戦後に自選展へ少なくとも二度出品をし[49]、画

家が作品の選別に関わった大規模な回顧展にも必ず、出品していることから、本作が小磯にとって力の入った特別な作品であったことは確かであろう。そして彼は戦争について多くを語らない傾向にあったが、こと《斉唱》の制作に関しては、これから取り上げるようにいくつかの証言を残している。そしてその内容は戦争や時代背景についてではなく、本作の技法と西洋芸術との関係に関するものであった。

　ここからは戦時下に描かれたことを重視して小磯の心境の反映としてみる従来の解釈を一端脇に置き、《斉唱》の群像表現に着目し、これまで取り上げた作品の分析や彼の言葉を踏まえて、参考にしたと思われる西洋芸術と比較することによって考察を行いたい。

　ここでは、起立した九名もの女学生たちが裸足で歌う様子が描かれている。背景は薄塗りで、奥行きははっきり描かれず、九名の人物の全身像を配置することによって、画面を構成している。ある者は手にもった楽譜を見ながら、またある者は前を見据えて歌っている。ところが、彼女たちの顔立ちや髪型に注目すると、その多くが非常に似通っていることがわかる。小磯は本作の制作にあたって、これまでに考察した、同一人物、ここでは二人[50]のモデルのポーズと捉える角度を変えてデッサンし、その異なるポーズの人物群を同一画面に構成して描くという方法をとっているのである。

　加えて、九名もの人物の全身像を縦長の画面に凝縮した本作では、その群像表現とともに、《兵馬》で追求した密集感も表されているといえるであろう。しかし以下のような違いも見受けられる。《斉唱》では、《練習場の踊子達》や《南京中華門の戦闘》での円弧状の人物配置は用いられず、一番手前の女学生たちはほぼ横一列に並んでいることである。また、《兵馬》で前景から遠景にかけて兵士と馬が縮小されることによって、遠近感が表されているのとは異なり、《斉唱》では人物たちの足元を見ると、前にいる人物と後ろにいる人物とで、前後にずれていることがわかるものの、人物の大きさはそう変わらないように見受けられる。

こうした、これまでの群像画とは異なる、《斉唱》での表現については、以下の小磯自身の証言を取り上げるべきであろう。彼は『人物画の話』の中で、次のように述べている。

　　私がかつて「斉唱」を描いたとき、数人の人達にポーズしてもらいましたが、うしろの人物が小さく見えて仕方がない、うんとはなれないとバランスがとれないのです。前縮法というものがある、ということを思い出したのはこのときなのです。あの絵の思いつきは、ルネッサンスの彫刻によったものです。向こうの人の考えを身を以て感じてみるとその意味がよくわかります。並列した人物なら問題ありませんが、人物の組み合わせが前後する場合、こういう絵画的な考慮が必要となることを知っておいて下さい[51]。

　小磯は、《斉唱》で前後に並ぶ人物を描くときに、後ろにいる人物が小さく見えることに不満を覚え、ルネサンスの彫刻を参考にしたのだという。そしてその彫刻とは、ルカ・デッラ・ロビア（Luca della Robbia, 1400-1481）の《カントリーア》（1431-1438年）の大理石レリーフ（図18）であることが、彼の数々の発言から判明しているのである。本作で描かれた人物が裸足である理由についても、「イタリアのルカ・デルラ・ロビアというのかな、あれに口を開けて歌っている作品がある。あれが裸足なものですから、このお嬢さんたちも裸足にしちゃった[52]。」と、対談の中で述べており、実際、このレリーフが掲載された小磯の蔵書に、彼の指の痕跡が複数残っていることも報告されている[53]。

　確かに女学生達が裸足で横一列に並ぶ様子、そして人物の重なりや楽譜の連なりも、ロビアの《カントリーア》とよく似ているであろう。よって、小磯が本作において、それまでの群像画とは異なり、一番手前の女性をほぼ横一列に並べたこと、前後に重なった人物を表すのに、《兵馬》とは違ってその大きさをあまり変えずに描いた背景には、ロビアのレリ

ーフの存在があったことは想像に難くない。

　ただ注目すべきは、本作とロビアの作品との間にもまた、相違点が見られることである。《斉唱》では女学生が一様に正面を向いたり、一方向に集中しているのではなく、それぞれが様々な方向を向いていることで、小磯がかつて手掛けた校歌の表紙とも、ロビアのレリーフとも異なり、画面に変化やリズムが生み出されているであろう。加えて、《斉唱》においては、人物の向きだけではなく、他にも画面を単調にしないための工夫が施されていると考えられる。《斉唱》での楽譜は、ロビアのもののように横に真直ぐ連なっているのではなく、真ん中のやや右の女学生が楽譜を少し下の位置にもち、そのバランスが崩れないように椅子の上にも楽譜が置かれることによって、女学生の黒い学生服の中で、楽譜の白がリズムよく配置されている。この手前の右下に画面からはみ出るように椅子を置く手法は、小磯が関心をもった画家の一人、ヨハネス・フェルメール（Johannes Vermeer, 1632-1675）がよく用いたものであったが（図20）、二年前に手掛けた《踊り子群像》（図11）でも同じ画面右下に椅子が配置されていることから、二作品の間に関連を見出すことも可能であろう。

　以上のように、小磯は、本作の画面を構成するにあたって、同じ黒の衣装を着た人物が横に並んでいるために平面的で単調に陥りそうな画面の中で、バランスをとり変化をつけるために、ロビアのレリーフにはない、工夫を施したと考えられるのである。

　小磯は《斉唱》の制作について語る中で、「私はよく西洋の画集を見る。古いものから新しいものまで、楽しみながらパラパラと見る。それが頭のどこかに残っていて、制作のヒントになることもあるようだ[54]。」と振り返っている。彼は《練習場の踊子達》や《踊り子群像》のような作品で、ドガに学んで人物群に統一感とリズムをもたらす群像の構成の仕方を習得したと考えられるのであったが、それが《兵馬》のような戦争画で応用して用いられていることを確認した。さらに、ロビアの彫刻の

レリーフに感化を受けることによって、複数の西洋画家の技法が、群像表現の一つの到達点を示す《斉唱》に結実したといえるであろう。小磯は、ドガを始めとする西洋芸術のモティーフや技法を吸収するのみならず、自らの作品の表現として昇華させ、その群像表現を独自に発展させていたことが理解されるのである。

3 《皇后陛下陸軍病院行啓》の群像表現に関する一試論

　1942年、三度目の従軍を経て小磯が手掛けた《カリジャティ会見図》（1942年 o-0252）において、報道写真を参考としたことが指摘されている[55]。戦争記録画の制作において、宮本三郎の《山下、パーシバル両司令官会見図》（1942年）にも見られるように[56]、画家たちが写真を参考にして描くことは決して珍しいことではなかった。写真は、現地を取材して描いた作品でも事件の発生時や作戦中のイメージを掴み、事実を確認するのに役立ったと考えられるが、さらに直接的に参照されるケースもあった。戦争末期、戦況が悪化すると画家達はますます従軍に拠らず戦争記録画を手掛けることが多くなっていったのであるが、本章で取り上げる《皇后陛下陸軍病院行啓》[57]（1943年）（図23）も以下に述べるように、特殊なケースで、直接的に写真を参照して描かれた作品である。本作は現在所在不明となっており、関連する資料も少ないことから、取り上げられることが少なかったが、ここでは、本作と写真とを比較することによって、小磯の制作における写真の役割と、写真を利用しながらもいかに工夫を施し、自らの芸術を作品に反映させたかを考察することとしたい。

　1943年の第2回大東亜戦争美術展[58]に出品された小磯の《皇后陛下陸軍病院行啓》は、藤田嗣治の《天皇陛下伊勢の神宮に御親拝》（1943

年)、宮本三郎の《大本営御親臨の大元帥陛下》(1943年)とともに、朝日新聞社からの委嘱によって制作され、展覧会会場の中央に位置する特別室に陳列された。澤田佳三はこれを、「天皇と皇后の肖像記録画制作を特別に託された宮本、藤田、小磯の三人の洋画家たちが、大東亜戦争期における戦争記録画家たちの到達点であることを示す象徴的事例だったといってもよいだろう[59]。」とする。また、北原恵によって三点の作品の図像が、それぞれ昭和天皇と皇后の「①祈る、②統率する、③癒す」姿を描き、アジア・太平洋戦争時の天皇・皇后の役割を象徴化しているとも指摘された[60]。

　小磯が描いているのは、この内の「③癒す」を表す図像で、1942年12月4日に、皇后が臨時・東京第一陸軍病院を訪れたときの光景である。画面を見ると、中央には、黒い衣装を身に付けた皇后を中心として、複数の軍人やお付きの黒服の人物が付き沿っているのが見える。皇后を前方と後方から挟むように、それぞれ寝台が一列に並び、その上では白の服を身に付けた療養中の患者たちが正座をして迎えている。また、画面奥の壁には視力測定に用いる大きな表が貼ってあることがわかるであろう。

　本作の制作については、1943年12月の『朝日新聞』に掲載された「"尊き一瞬"の謹写 小磯良平画伯謹話」という記事(図25)で、小磯がその苦労や意図を語っている。

　　病院当局から御写真を貸していただき、また病室内部の病床配置などを行啓の御砌そのままにしていただいて写生しました(中略)ただ御写真が一枚しかありませんでしたので、ニュース映画をもみせてもらい、また御案内申上げた人々の次々の動作などを知るためフィルムの一齣一齣を焼きつけてもらい、これらを参考にして、尊い一ときの動きを謹写すべく苦心しました、特に宮内省からは御召服布地の一部を貸下げて頂き、御附女官よりもかずかずの御注意を書きしるして頂き、まことに勿体ないことでした[61]

ここで小磯は、本作の制作にあたり、病院から一枚の写真を借りた他に、病院を訪れて内部を写生したり、ニュース映画などで、案内人の動作を参考に見たと述べている。宮内省から服の布地を貸下げたのは、小磯のコスチュームへの関心があって行なわれたことかもしれないが、ただ「御写真が一枚しかありませんでした」「御附女官よりもかずかずの御注意を書きしるして頂き」という言葉からは、皇后というセンシティヴな対象を描くにあたって、場面や構図が厳格に決められていたことを窺わせる[62]。

　実はこの《皇后陛下陸軍病院行啓》の下敷に用いたと思われる写真が、当時の新聞に掲載されているのが発見されている。朝日新聞[63]に掲載されたもので、先行研究では、この写真（図26）を「比較可能な範囲で」作品と比較し、「ほぼ完全と言ってよい程までに、写真に忠実である[64]」とされていた。ただこの写真では、皇后を中心とする主要部分をクローズアップし、その他の大部分はカットされていたのである。しかし筆者の調査の結果、同日の読売新聞に、同じ報道写真でもより広い範囲を捉えたものの掲載を確認した（図24）[65]。ここからは新たな写真を材料に、作品と比較することによって、改めて分析、考察を行いたい。

　まず、写真でも絵画においても、ベッドによって形づくられる遠近の三角形の消失点の位置に立つのは東条英機[66]、手前の女性が皇后である。その前方と後方に一列に寝台が並んでいる構図や、描かれている人物の特徴、扉の形や部屋の構造も共通しており、基本的に写真をもとにして描かれていることが理解される。また、画面奥の壁に視力測定に用いる大きな表が貼ってあるが、ここに描いてある図の形までも全く同じである。

　ただ、小磯は基本的な構図は貸下げた写真のそれを引き継ぎながら、変更も加えているようだ。写真では、皇后の足元が寝台で少し隠れているのが、絵画では皇后より前面にそれが重ならないように配置を変えられ、全身が捉えられているほか、寝台を捉える角度を変え、遠景にいる人物をより小さく描く事によって、遠近感を強めている。

さらに、今回新たに発見した写真と作品とを比較することによって、写真に忠実であるように思えた作品に、小磯が興味深い工夫を施していることが判明した。それは、写真では皇后に隠れ、帽子と肩の部分しか見えていないお付きの女官が、絵画で複数人描かれていることである。部屋の扉のところにいる女官、寝台と寝台の間を通り抜けようとしている女官、そして、警棒の様なものを持つ男性の背後に、こちらに向かおうとする女官の姿が見える。彼女たちは、みな同じように黒い帽子を被り、黒いドレスを身に付けているので、まるで一人の女官の一連の動きを示しているようである。そして同様に、黒い衣装を身に付けた皇后もまた、こちらに向かおうとする女官の動きの延長線上におり、一連の女性の動きの終結点のようである。

　これは、小磯が「御案内申上げた人々の次々の動作などを知るためフィルムの一齣一齣を焼きつけてもら」ったと述べているように、フィルムの一齣一齣に写しだされた異なる案内人の位置やポーズを、一つの画面に構成したものと考えられる。というのは、本作の制作にあたって小磯は、これらの視覚イメージを参考にして、「尊い一ときの動きを謹写すべく苦心しました」と語っているからである。この、一連の連続した人物の動きを表すために、同じ顔、同じ衣装を身に付けた人物を同一画面上に構成するやり方は、興味深いことに、これまでに考察したドガの手法を彷彿とさせるものであろう。

　これまでの作品で、小磯の関心は、この手法を用いることと、それにより画面に生み出される新たな効果に集中していたように思われた。一方本作では、この手法で描かれた人物群が、皇后が病院を行啓した一場面の中に違和感なく収まっているのである。本作のこうした表現を、これまで考察してきた群像表現の展開の延長線上にみるのか、あるいは「戦争記録画」という作品の性質から説明すべきものであるのかについて、筆者は、現時点において早急に結論を述べることを差し控えることとしたいが、少なくとも場面や構図が厳格に決められていた際にも小磯は、

自らの関心ある表現を作品に取り入れ、群像を表現せんとしていたのだと述べることができよう。

結　語

　本稿では、小磯の1930年代から1940年代前半にかけての作品にみられる群像表現の展開とドガ受容に関して、先行研究の成果を踏まえながらも、それらに近年、筆者が調査して得た新たな資料や情報を加えて検証を重ねてきた。

　第1章で取り上げた群像画《練習場の踊子達》（1938年）（図5）は、モティーフや作品の構成、切断の技法や群像表現に至るまで、ドガの強い影響下にあった作品といえる。本作や《踊り子群像》（1939年）（図11）の群像表現には、ドガが同一人物を同一画面上に反復させた作品に見られる手法（図8・9）が取り入れられ、同じ顔、同じ服装の人物が、様々なポーズで画面のあちこちに配置されることによって、変化やリズムが生まれ、表現に豊かさを加えることに成功したといえるであろう。

　第2章では、軍からの依頼に拠らず、自発的に戦争に関連した主題を選んで制作した作品《兵馬》（1939年）（図14）について、特にその群像表現に着目して考察した。また、ごく近い時期に制作されていたにも関わらず、従来比較検討されることがなかった《踊り子群像》との関連を検証することを通じて、小磯が《踊り子群像》で、ドガに学んだ手法を、本作に応用して用いたことが発見されたのである。さらに、これに関連して《斉唱》（1941年）（図17）の群像表現を取り上げた。戦時下という時代に着目して解釈されることの多い《斉唱》であるが、筆者はその位置づけに関して、関連する他の作品や西洋の芸術をとりあげ、分析を加えた。

　第3章では、《皇后陛下陸軍病院行啓》（1943年）（図23）と、筆者

が調査により得た写真とを比較することによって、その相違点から、小磯の創意工夫を指摘することができたと考えている。とりわけ本作に、女官の動きを表現するため、同じ姿の人物を複数、同一画面上に配置するという、小磯の特徴的な手法が取り入れられていることを確認できたことは、その群像表現の検証作業に一石を投じ得たと確信している。

　以上、小磯の戦争画と他の作品との関係や、小磯の画業の中での戦争画の位置づけについては詳細な研究がなされていないことを踏まえ、戦争画と同時代の作品とを取り上げ比較分析を加えながら、群像表現に着目して考察を行った。その結果、戦中期において小磯は、《踊り子群像》を《兵馬》で密集した群像を描くのに応用し、さらにロビアの大理石レリーフから感化されて、女学生たちが密集して唱う姿を捉えた《斉唱》に取り組んだと考えられるのである。また、この取り組みが《皇后陛下陸軍病院行啓》にも引き継がれていたと述べることができるであろう。そして、こうした戦中期作品における群像表現の課題に取り組むにあたって、ドガの受容が重要な役割を果たしていたことを指摘し得たと考えている。

　群像表現は、戦中期において継続して小磯の大きな課題であり続け、しかもただそれだけではなく、彼は試行錯誤を経て、作品表現を展開させてもいた。加えて彼の西洋美術受容が、この時期の絵画制作において、中断してはいなかったことを確認することができたと考えるが、本稿において論じることができたのは、ドガ受容のほんの一断面に過ぎない。また、小磯のほかの西洋芸術の受容との関連性についてはほとんど触れるに及んでいない。小磯研究において重要なこの現象については、今後さらに多くの検討を重ねなければならないであろう。

【図版出典】
図1・5・17：『開館20周年記念　生誕110年　小磯良平の世界』（神戸市立小磯記念美術館、2012年）。

図2・10・11・14・15・21・22：『東京美術倶楽部カタログレゾネシリーズ 小磯良平全作品集』（求龍堂、2014年）。

図3：《二婦人像》絵葉書（神田美土代町堂ノ四四美術工芸会発行）。

図4・13：ルーヴル美術館公式ウェブサイト。

図6・7：*Degas*, cat. Exp., Henri Loyrette, Jean Sutherland Boggs et al., Paris, Galeries nationales du Grand Palais/Ottawa, National Gallery of Canada/New York, the Metropolitan Museum of Art, Abrams: Metropolitan Museum of Art, 1988-1989.

図8・9：小磯良平『原色版美術ライブラリー B1 ドガ 踊り子』（みすず書房、1955年）。

図12・23：『戦争と美術 1937-1945』[針生一郎、椹木野衣、蔵屋美香、河田明久、平瀬礼太、大谷省吾編]（国書刊行会、2007年）。

図16：アレッサンドロ・アンジェリーニ『ピエロ・デッラ・フランチェスカ（イタリア・ルネサンスの巨匠たち16）』[池上公平訳]（東京書籍、1993年）。

図18：『神戸市立小磯記念美術館研究紀要』（神戸市立小磯記念美術館、2008年3月、第3号）。

図19：学校法人 松蔭女子学院ウェブサイト。

図20：アムステルダム国立美術館公式ウェブサイト。

図24：『読売新聞』（1942年12月5日）。

図25：『朝日新聞』（1943年12月9日夕刊）。

図26：『朝日新聞』（1942年12月5日）。

※小磯良平の油彩作品・デッサンに関しては、『東京美術倶楽部カタログレゾネシリーズ 小磯良平全作品集』（求龍堂、2014年）に掲載のレゾネ番号を付すこととした。

※本稿での小磯良平の作品図版の掲載にあたって、「小磯美術クラブ」代表嘉納邦子氏、担当澤村典子氏よりご高配を賜りました。ここに記して、厚くお礼申し上げます。

注

1) 1930年代の小磯作品に対する評価には、以下のようなものがあった。「技巧の無いアカデミズムの存在する」帝展において、「アカデミズムで本場の技巧を体得して居るのは小磯良平氏のみであろう。（中略）小磯氏は常に良い趣味のアカデミズムで其の描法なり色調に於て優れて居る。」益田義信「帝展洋画雑感」（『みづゑ』美術出版社、第357号、1934年11月号）304-306頁、305頁。「小磯良平君の勉強は目覚ましいものである。（中略）小磯君は代表的な美術学校の秀才だろう。小磯君は柄にない企てなどは少しもやっては居ない。自分相応のこくめいな写実で行こうと努めて居るらしい。（中略）小磯君は大方写実

に追われて感興を逸して了うのだろう。」児島喜久雄「第二部会を観る（4）」（『朝日新聞』1935年10月21日）9面。当時の小磯作品に対しては、「アカデミック」であるとして技術の高さが評価される一方で、迫力の弱さなどが指摘されることがあったが、筆者は、画家がこうした課題に取り組む過程で積極的に摂取したのが、ドガだと考える。なお、本稿での文献の引用にあたって、旧字は新字に改めることとする。
2）高階秀爾「東西戦争画の系譜」『日本絵画の近代　江戸から昭和まで』（青土社、1996年）265-289頁、279頁。
3）同所。
4）辻智美「あとがき」『開館記念特別展　小磯良平の世界』（神戸市立小磯記念美術館、1992年）（図録）186頁。
5）辻智美「小磯良平における群像表現の探究と成果《働く人びと》（1953）に至るまで」（『神戸市立小磯記念美術館研究紀要』2008年3月、第3号）57-84頁。
6）小磯良平「ジョルジュ・ド・ラツウルからドガまで」『新制作派』（第3号、1938年11月号）57頁。
7）廣田生馬「小磯良平と戦争画―従軍の記録と制作の過程―」（『神戸市立小磯記念美術館研究紀要』、2008年3月、第3号）9-56頁。
8）辻智美「小磯良平の作品と神戸の人びと」（『生誕110年　小磯良平の世界』神戸市立小磯記念美術館、ふくやま美術館、郡山市立美術館、2012年）（図録）171-176頁、176頁。
9）辻智美、前掲論文、2008年。
10）拙稿「戦中期という時代と芸術―小磯良平の戦争画三作を巡って―」（『関西大学東西学術研究所紀要』第49輯、2016年4月）471-494頁を参照。
11）大嶺政寛「沖縄を訪れた画家（六）―小磯良平―」（『新生美術　新生美術協会機関誌』新生美術協会、6号、1987年5月）132-133頁、133頁。
12）西田桐子「斉唱」［作品解説］（『特別展　没後10年　小磯良平展』兵庫県立近代美術館、神戸市立小磯記念美術館、神戸新聞社、1998年）（図録）84頁。
13）辻智美、前掲文、1992年、186頁。
14）小磯良平「エドガア・ドガ踊りの教師」『美術手帖』（美術出版社、第53号、1952年2月号）58-59頁、『人物画の話〈少年美術文庫〉』（美術出版社、1951年）及び、『原色版美術ライブラリー　B1　ドガ　踊り子』（みすず書房、1955年）。
15）「小磯良平画伯に聞く　ぼくの好きなヨーロッパの画家　"小磯抒情"の源泉をたずねて……」（『小磯良平展（神戸新聞創刊85周年記念）』姫路市立美術館、1983年）（図録）頁表記なし。
16）小磯は講師を務めていた松蔭高等女学校の制服の帽子のデザインを手掛けたことがあり（辻智美、前掲論文、2012年、175頁）、作品の中でモデルの着用するコスチュームを用意したり、神戸の洋裁店で自らデザインした洋服を作らせたこともあったという（辻智美「洋裁をする女性」［解説］、前掲図録、1998年、65頁）。1973年から1974年にかけて手がけた迎賓館壁画《絵画》（o-

1054)《音楽》(o-1055)に登場する人物のコスチュームを作ったデザイナーは、小磯が生地を指定するだけでなく、縫製の方法まで注文することに驚いたという話も残っている。増田洋「20世紀日本美術と小磯良平」[解説](『20世紀日本の美術17 向井潤吉・小磯良平』集英社、1986年)頁表記なし。
17) 小磯良平「画家の言葉」『裸婦・踊り子 小磯良平』(学習研究社、1984年)頁表記なし。
18) 辻智美「踊り子」[作品解説]、前掲図録、2012年、46頁など。
19) 小磯良平、前掲文、1984年、頁表記なし。
20) 前掲図録、1983年、頁表記なし。
21) 辻智美「洋裁する女達」[作品解説]、前掲図録、2012年、51頁。
22) 辻智美、前掲論文、2008年、63-64頁。
23) 竹中郁「小磯良平論」(『新美術』春鳥会、第10号、1942年6月号)35-40頁、39頁。
24) 辻智美「練習場の踊子達」[作品解説]、前掲図録、2012年、47頁を参照。
25) 岡泰正「アトリエからの贈りもの 神戸市寄贈の小磯作品をめぐって」(『受贈記念特別展 小磯良平展 いま、ベールをぬぐ小磯芸術』[神戸市立博物館編]神戸市スポーツ教育公社、1990年)(図録)119-129頁、126頁。
26) 竹中郁、前掲文、1942年、37頁。
27) 辻智美、前掲論文、2008年、63-64頁。
28) 筆者が調査の過程で得た、《二婦人像》のカラー図版が印刷された絵葉書の写真を確認すると、二人の女性はそれぞれ異なる色の衣装を身に付けており、また、髪型も異なっているように見受けられることが判明した。《憩う》でも、二人の女性はそれぞれ別の衣装を身に付けている。《人々》(1937年)に関しては、西村規矩夫によって、中央にいる少年のモデルとなったというK氏の証言が紹介されており、女性のモデルが二人分のポーズをとったことが明らかにされている。西村規矩夫「「小磯良平の青年時代」点描―その揺籃期から新制作派協会成立期まで：人物画を中心として―」(『特別展 小磯良平生誕100年記念 小磯良平の青年時代』神戸市立小磯記念美術館、2003年)(図録)、2003年、6-12頁、11頁。
29) 辻智美、前掲論文、2008年、69頁。
30) 小磯良平、前掲文、1938年、57頁。また第3回新制作派展は、1938年11月24日-12月10日、東京府美術館、大阪市立美術館において開催された。なお、展覧会開催に関する情報は、先行研究の情報に加え、筆者の調査により把握したものを記すこととする。
31) ただ小磯とドガの作品に関して相違点も見られる。《ダンスレッスン》と《リハーサル》、どちらの作品においても、ドガが弦楽器を演奏中の男性を描き出しているのに対して、小磯の作品で男性は、楽器を弾かずにただ手に携えているだけで、物思いに耽っているようである。また、ドガの《ダンスレッスン》では、踊り子はバーをもってバランスをとりつつ、左脚を腰の高さまであげる

動的な様子を描き出しているが、小磯が描いた踊り子はバーをもっている人物を含め、動きを見せることなく皆静かに佇んでいる。この小磯の静的な描写と、ドガの動的な描写との差異には、注意が必要であろう。小磯は摂取したドガのモティーフや技法を吸収し、自身の作品制作の過程において、独自の「静的」な世界に変容させていたと考えられるが、こうした両者の芸術の差異については、稿を改めて論及したい。

32) 小磯とドガの複数人物の表現の類似については、舟木力英「小磯良平と西洋絵画」(『繪』日動画廊、第408号、1998年2月号) 20-21頁においても指摘されている。

33) 廣田生馬、前掲論文、2008年に詳しい。

34) 前掲拙稿、2016年において、本作に関する分析を行った。

35) 辻智美、前掲論文、2008年、70頁。

36) 《兵馬》は第4回新制作派展に出品されたものの、現在所在不明となっている作品である。第4回新制作派展は、1939年11月23日-12月5日、東京府美術館、大阪市立美術館において開催された。

37) 小磯良平、宮本三郎、向井潤吉、石川滋彦、岩田専太郎「特集 失われた戦争絵画 20年間、米国にかくされていた太平洋戦争名画の全貌」[座談会] (『週刊読売』読売新聞社、1967年8月18日増大号) 20-25頁、22頁。

38) 小磯良平「繪の勉強」『新女苑』(実業之日本社、第3巻第10号、1939年10月) 154-156頁、155-156頁。

39) 小磯良平、同文、155頁。馬がモティーフとして登場する作品は数多くあるため、小磯が実際に参考にした作品を特定することは難しいが、筆者はスペインの画家ベラスケス (Diego Rodríguez de Silva y Velázquez, 1599-1660) の《プレダの開城》(1634-35年頃) を挙げておきたい。本作は、小磯が滞欧中に訪れたプラド美術館に所蔵されており、またベラスケスは同行した竹中郁の証言によると「最も傾倒した」画家の一人であった。竹中郁、前掲文、1942年、37頁。《兵馬》の兵士たちの間を埋めている馬、特に左にある馬の尻は、この作品を彷彿とさせるのではないだろうか。

40) 辻智美、前掲論文、2008年、72頁。

41) 小磯良平、前掲書、1951年、第一図、39-40頁。

42) 本作に登場する日の丸の意味に関する考察は、前掲拙稿、2016年を参照。

43) 本作に関する発表当時の批評に眼を転じてみると、やはりこの手法に着目しているものが多いことに気付く。林達郎はその静的な雰囲気を評価するが、「ただ、難を言えば、これは画面として快陥ではないが、兵士の顔が、どれも小磯式の顔であるのが気になる。」と述べる。林達郎「新制作派展」(『美之国』美の国社、第15巻第12号、1939年12月) 50-51頁、50頁。林が気になる点として挙げている、兵士の顔についてであるが「小磯式」と言っているのは、当時同一人物を画面上に描き込む手法が、小磯独特の手法として批評家に認知されていたことを示していようか。柳亮は、「形態の無意味な繰り返しの多い

構図上の欠陥」を指摘するが、「繰り返し」と述べていることから、柳も、林が言った群像画を構成する小磯の手法について言及していることが推察される。柳亮「新しいモラルの発芽を拾う 新制作派4回展評」(『みづゑ』美術出版社、1940年1月号、第422号) 121-127頁、125頁。以上の批評からは、発表当時からこの群像表現が、特徴的なものとして捉えられていたことが理解されるであろう。

44) 小磯良平近作個展は1939年6月26日-29日に銀座・資生堂で開催された。

45) 第4回新文展は、1941年10月16日-11月20日に東京府美術館、同年11月29日-12月13日に大礼記念京都美術館において開催された。辻智美は、《斉唱》が、小磯が官展からの決別を謳った新制作派協会結成後、唯一参加した官展に出品した作品であることから、「これも時代のなせるわざで」、「戦争が小磯を再び官展に参加させ、官展における審査員の地位を獲得させた」と指摘する。辻智美、前掲論文、2008年、75-76頁。

46) 竹中郁「小磯良平＝人と作品」(『小磯良平画集 1923-1970』求龍堂、1971年) 頁表記なし。ただ、竹中の「例のキリスト教的雰囲気で、讃美歌をうたっている」という部分に関しては、1941年の荒城季夫による「若い娘達の一斉に和して唄う歌は何であろうか。恐らくは、高雅な調子のものであろうが静かに唄われる澄んだ肉声を聴く思いがする。」という批評や、1941年10月23日の『朝日新聞』に掲載の小解説に、「何を唄っているのかしら！「アベマリア」？」という言葉があることから、作品発表当時から同様の解釈がなされていたことがわかる。荒城季夫『句刊美術新報』1941年11月10日号、『日展史』[日展史編纂委員会企画・編集] (日展、15巻、1985年) 492頁を参照。『朝日新聞』1941年10月23日4面。

47) 廣田生馬、前掲論文、2008年、14-15頁。

48) 辻智美、前掲論文、2012年、174-175頁。

49) 1952年の小磯良平自選展 (6/15-7/27 神戸・白鶴美術館)、及び1963年の小磯良平自選展 (11/12-17 神戸・大丸) のこと。

50) 小磯良平、乾由明「小磯良平とその作品〈作家と語る〉」[対談] (『季刊みづゑ』美術出版社、第927号、1983年6月刊) 84-101頁、98頁。

51) 小磯良平「群像の話」、前掲書、1951年、32頁。

52) 小磯良平、乾由明、前掲対談、1983年、98頁。

53) 辻智美、前掲論文、2008年、74頁。

54) 小磯良平「私の素描」『小磯良平素描集』(朝日新聞社、1980年) 頁表記なし。

55) 廣田生馬、前掲論文、2008年、37頁。

56) 本作については数多くの先行研究で取り上げられているが、報道写真との比較については「宮本三郎《山下とパーシバル両司令官会見図》」(『不安と戦争の時代 (日本の近代美術10)』[水沢勉編] 大槻書店、1992年) 113-123頁に詳しい。

57) 本稿では、河田明久による定義に従い、本作を戦争記録画として取り上げる。

河田明久「「作戦記録画」小史　1937～1945」『戦争と美術 1937-1945』〔針生一郎、椹木野衣、蔵屋美香、河田明久、平瀬礼太、大谷省吾編〕（国書刊行会、2007年）153-162頁、153頁。

58）第2回大東亜戦争美術展は、1943年12月8日-翌年1月9日東京都美術館、1944年1月22日-2月17日大阪市立美術館、3月8日-23日大礼記念京都美術館、4月3日-30日福岡市本願寺福岡会館、5月10日-28日佐世保・玉屋、5月25日-6月10日名古屋にて開催された。

59）澤田佳三「宮本三郎　海軍落下傘部隊メナド奇襲」〔作品解説〕、前掲書、2007年、214-215頁、215頁。

60）北原恵「消えた三枚の絵画―戦中／戦後の天皇の表象」『岩波講座　アジア・太平洋戦争2　戦争の政治学』（岩波書店、2005年）179-204頁、179頁。

61）小磯良平「皇后陛下　陸軍病院行啓　大東亜戦争美術展　特別陳列"尊き一瞬"の謹写　小磯良平画伯　謹話」（『朝日新聞』1943年12月9日夕刊）1面。

62）北原恵、前掲論文、188頁においても同様の指摘がなされている。

63）『朝日新聞』1942年12月5日3面。

64）廣田生馬、前掲論文、2008年、43-44頁。ここで廣田は、河田明久によって提示されたものとしてこの写真を紹介している。

65）『読売新聞』1942年12月5日1面。

66）北原恵、前掲論文、188頁。

図1 小磯良平《踊りの前》1934年
油彩・カンヴァス 115.0 × 89.0cm
京都市美術館 o-0072

図2 小磯良平《人々》
1937年 o-0130

図3 小磯良平《二婦人像》1931年
所在不明 o-0048

図4 テオドール・シャセリオー
《姉妹》1843年頃 油彩・カンヴァス
180 × 135cm ルーヴル美術館

図5 小磯良平《練習場の踊子達》 1938年 油彩・カンヴァス
191.0 × 180.0cm 東京国立近代美術館 o-0172

図6 エドガー・ドガ《ダンスレッスン》　　　図7 エドガー・ドガ《競争前の騎手》
　　1879年頃　パステル、黒チョーク・紙　　　　　1878-79年　油彩・カンヴァス
　　64.6 × 56.3cm　メトロポリタン美術館　　　　107.3 × 73.7cm　バーバー美術研究所

図8 エドガー・ドガ《四人の踊り子》
1903年 パステル・紙 84×73cm

図10 小磯良平《踊り子》1939年
油彩・カンヴァス 91.0×60.5cm
芦屋市立美術博物館 o-0199

図9 エドガー・ドガ《出を待つ踊り子たち》(部分)
1878-80年 パステル・紙 プーシキン美術館

図 11　小磯良平《踊り子群像》1939 年　油彩・カンヴァス　50.5 × 72.5cm　o-0198

図 12　小磯良平《南京中華門の戦闘》
1939 年　油彩・カンヴァス
所在不明　o-0206

図 13　ウジェーヌ・ドラクロワ
《キオス島の虐殺》1823-24 年
油彩・カンヴァス　419 × 354cm
ルーヴル美術館

図14　小磯良平《兵馬》1939年　油彩・カンヴァス　所在不明　o-0207

図16　ピエロ・デッラ・フランチェスカ
《コンスタンティヌスの勝利》（部分）
1452-66年　フレスコ画　322×764cm
アレッツィオ、サン・フランチェスコ聖堂

図15　小磯良平《馬と兵隊》
1939年　パステル、水彩・紙
63.7×45.6cm
神戸市立小磯記念美術館　d-0142

図17 小磯良平《斉唱》
1941年
油彩・カンヴァス
100.0 × 80.5cm
兵庫県立美術館
o-0227

図18 小磯所蔵の画集に掲載されている
ルカ・デッラ・ロビア《カントリーア》(部分)の写真
フィレンツェ、大聖堂付属美術館
(DIE KUNST DER FRÜHRNAISSANCE IN ITALIEN P.229 より)

小磯良平の戦中期作品における群像表現の展開

図 19　小磯良平「松陰高等女学校歌表紙」
1939 年頃　学校法人 松陰女子学院

図 20　ヨハネス・フェルメール
《青衣の女》1663-1664 年頃
油彩・カンヴァス
46.6cm × 39.1cm
アムステルダム国立美術館

図 21　小磯良平《少女像（人物 B）》
1941 年　油彩・カンヴァス
100.0 × 80.3cm
神戸市立小磯記念美術館　o-0228

図 22　小磯良平《緑陰》1941 年
油彩・カンヴァス　72.8 × 60.0cm
上原近代美術館　o-0230

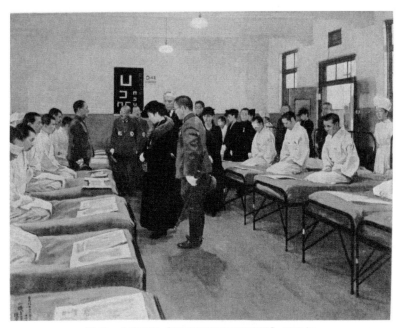

図 23　小磯良平《皇后陛下陸軍病院行啓》1943 年
朝日新聞委嘱作品　所在不明　o-0281

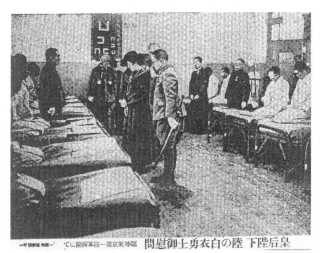

図 24　皇后の病院行啓の様子を伝える写真
（『読売新聞』1942 年 12 月 5 日 1 面より）

小磯良平の戦中期作品における群像表現の展開

図 25　小磯の作品（上）と制作についての話（下）を掲載した記事
　　　（『朝日新聞』1943 年 12 月 9 日夕刊 1 面より）

図 26　皇后の病院行啓の様子を伝える写真
　　　（『朝日新聞』1942 年 12 月 5 日 3 面より）

85

五島のキリスト教教会群と
聖心(みこころ)イメージ

蜷 川 順 子

はじめに

　ローマの布教聖省によって日本再宣教がパリ外国宣教会に委託されたのは天保2(1831)年のことである。禁教令下当時の入国は難しく、使命を帯びた宣教師たちは朝鮮や琉球から日本への接近を試みたが実現しなかった。安政5(1858)年に日仏修好通商条約が締結されたとき、こうした試みに追い風が吹き始めることになるものの、万延元(1860)年になってようやく、すでにマカオにおいて日本代牧(教区長代理)に任命されていたジラール神父(Prudence S-B. Girard, 1821-1867)が、最初のフランス代表部を開設したベルクール総領事(Gustave Duchesne, Prince de Bellecourt, 1817-1881)の通訳として入国を果たす。彼は横浜在住の信徒グラウェルトの協力を得て密かに聖堂建設の準備を始め、横浜フランス人居留地80番で天主堂建設を開始した。グラウェルトへの刃傷事件が発生したため、献堂式は文久2(1862)年1月に延期されているが、新聖堂の献堂先は「イエスの聖心」であった[1]。これに先立って、琉球からの入国を試みていたフォルカード神父(Théodore-Augstin Forcade, 1816-1885)は、琉球を「マリアの聖心」に捧げている[2]。

　本論では、上述の過程で顕著になる聖心信仰に関連して、わが国における聖心図像の展開と意味とを考察の対象とする。聖心図像は、19世

紀に宣教師が活動を開始し始めた日本各地に見られるが、ここではまず、ヨーロッパにおける聖心信仰展開の経緯を歴史的に概観し、次に、地域あたりのキリスト教会の数が多いことが知られる長崎県の五島列島に着目して、わが国における聖心図像受容の一端を論じたい。

1 ヨーロッパにおける「聖心」信仰と「聖心」図像の展開

　聖心図像というのは、端的に言うなら、目には見えないイエスやマリアや聖人たちの精神的な意味での心を、肉体的な心臓由来のハート形で表す複数のキリスト教の図像タイプを指す。心と心臓との関係、すなわち哲学的、宗教的、文化的、象徴的などと言い表すことのできるその諸関係は、古今東西さまざまな考察の対象となっているが、19世紀に聖心と和訳されたフランス語 *Sacré-Cœur* の直接的源泉は、聖書の記述にあると見なしても良いであろう。しかしながら、心を造形的に表した図像は、紀元1000年頃まで一切見られない[3]。

1-1　中世における心の表象

　11世紀末に始まる十字軍派遣は、派遣をすすめる高位聖職者や王侯貴族の思惑とは別に、シトー会やベネディクト会修道院における神や聖母への熱烈な崇敬表明にも後押しされていた。そこに後の聖心信仰の萌芽とも言えるものが見られ、また、その広がりは限定的であったものの、やがて女性神秘家たちの言説に引き継がれることになる。記録のあるもっとも早い例は、トンゲレン（ベルギー）のシトー会修道女ルトガルディス（Ludgardis（蘭）、Lutgarde（仏）、Lutgard（独）、1182-1246）であるが、ドイツの女性神秘思想家マクデブルクのメヒティルト

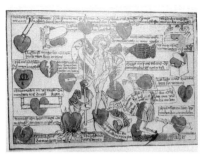

図1 《心を捧げる》1320年頃 象牙製
鏡ケース V&A美術館（ロンドン）

図2 レーゲンスブルクのマイスター・カ
スパー《男性の心に及ぼされる愛の
女性の力》15世紀末 木版画 州
立銅版画館（ベルリン）

（Mechthild von Magdeburg, 1210-1279）の著述においては、極めて私的な形で自らの心にイエスの鼓動を感じるという、神との相互的関係を示す経験が記されている[4]。

　十字軍派遣はまた、家族や恋人との長い別離がもたらす強い情動を昇華させる騎士物語やロマンスの発達を促し、こうした物語の写本挿絵や、それを題材としたタペストリの図柄などに、愛する心を心臓の形で表す例が見られる。

　現存する作例から、1320年頃の象牙製の鏡ケース［図1］をとりあげてみよう。ここでは、恋する人物が貴婦人の前に跪いて、その恋心を心臓の造形に託して捧げる場面が描き出されている。この心臓は心室を上にして描かれているため、一般的なハート形かどうかは不明である。さらに背後には、暴れる馬を鎮めようとする人物が含まれるため、燃え上がる愛の情念とそれを鎮める理性との均衡を説いた寓意表現のようにも読める。しかしながら、15世紀末のレーゲンスブルクの木版画［図2］では、非常にはっきりとしたハート形が見られる[5]。おそらくは、十字軍が引き起こした東西交流の過程で、ビザンツ世界が保存していた、解剖と観察に基づく古代ギリシアのガレノス（Γαληνός, Claudius Galenus

（羅），ca.129-ca. 200）の学説が、西側に流入した結果なのかもしれない[6]。このころから、タロットなどのカードの図柄にもハート型が見られるようになる[7]。

1-2 聖顔から聖痕へ

　その一方で、新興の托鉢修道会フランチェスコ会を中心に、聖フランチェスコ（Francesco d'Assisi, 1182-1226）が受けた5つの聖痕に刺激され、その源泉であるイエスの傷を逆照射するかのように、イエスの5つの傷に対する崇敬が起こり、フランチェスコ会を超えて他宗派にまで広がっていく。このことを示す図像として、「マグダラのマリア伝の画家」と呼ばれる、15世紀末から16世紀初頭にかけてベルギーのブリュッセルやメヘレンで活躍した逸名の画家による作品をあげることができる[8]。

図3　マグダラのマリア伝の画家〈ウィレム・ファン・ビバウトの二連画〉の扉絵《ゴルゴタの丘》1523 年　25×14.5cm　板　油彩　個人蔵（アムステルダム）

これは、カルトゥジオ修道会修道院長ウィレム・ファン・ビバウト（Willem van Bibaut, ca. 1484-1535）の祈念肖像画二連板の、外翼に描かれたゴルゴタの丘に見られるものである［図3］。ここに立つ十字架の周囲には、傷ついた両手と両足が浮かんでいて、傷ついた心臓だけが十字架に張り付いているかのように見える。キリストの身体はもはや不可視の領域にあって、崇敬の対象である5つの傷が宙に浮かんでいるのだが、本来は見えないところにあったはずの心臓が身体から取り出されたかのように張り付いている。

　類似の例は、聖槍信仰に関係すると思

われるアルベルティーナ美術館（ウィーン）にある木版画にも見られ、そこでは巨大な心臓の中に裸体の幼児キリストが、まるで子宮の中にいるかのように座っている。これからの成長を含意する幼児の姿に、信仰心の成長もまた重ね合わせられており、聖槍信仰という文脈で考えるなら、向かって左にあった脇腹の傷が実は心臓に達していたということが、具体的に明示されていることになる。キリストの受難に関わる槍をはじめとした受難具は、逆に勝利につながるアルマ・クリスティ *Arma Christi* として人々の崇敬を集めることになっていたのである[9]。

五つの傷が、四肢と心臓で表される構成は、ドイツのバンベルクで作られた木版画《ロザリオの中のミゼルコルディアの聖母 *Madonna della Misercordia in a rosary*》［図4］を取り囲むロザリオにも見られ[10]、円形に並ぶその形は、エブストーフ *Ebstorf* の地図［図5］など、キリストの身体に地球を重ねた中世の TO 図[11]を思い起こさせる。しかしながら、後者の頂点にはキリストの顔があった。両者を比べるなら、まるで聖心が聖顔に取って代わったかのようにも思われる。

図4　逸名の画家（ドイツ）《ロザリオの中のミゼルコルディアの聖母》 ca. 1500　木版画　州立図書館（バンベルク）

図5　逸名の作家《マッパ・ムンディ（世界図）》ca. 1240-1290　356 × 358cm　羊皮紙　手描き　エブストーフのベネディクト会修道院旧蔵　1943年に焼失　Ⅱ大戦後写真に基づく4レプリカ制作。

実際、インノケンティウス 3 世（Innocentius III, 在位：1198-1216）により、ヴェロニカ *Veronica* への祈りに対する贖宥が認可されて以来、非常に崇敬を集めた聖顔の人気は、ルター（Martin Luther, 1483-1546）の宗教改革の影響が強まる 16 世紀半ば頃に下火となり[12]、より精神性が強い聖心信仰が草の根的な広がりを見せ始めたと見なすこともできよう。しかしながら、かつて教皇の主導で聖顔信仰を推進し、ゴシック期を通して神の顔を拝すことに至福のありがあると信徒を導いてきたローマ教皇庁は、聖心信仰を容易には容認しなかった。ガレノスの学説やレオナルド（Leonardo da Vinci, 1452-1519）による詳細な観察[13]に基づいて、知識が更新され、心臓は筋肉の塊であり、血液を循環させるポンプに過ぎないという新しい科学的知見が、聖心という新しい崇敬対象を正式に認める上で妨げとなり続けたのである[14]。

1-3　出現イエスとその痕跡

　17 世紀になると、聖心への祈りは具体的な形をとり始める。限られた領域においてであるが、聖心に対する祈りを作成し、一定地域での祝日を定めたのは、ジャン・ユード（Jean Eudes, 1601-1680）という熱心なマリア崇拝者であった。彼の関心は聖母信仰の高まりの中で生まれた「マリアのけがれなき聖心」崇敬であったが、やがてそこにイエスの聖心への崇敬が加わり、二つの心臓が並ぶ独特の図像が生み出されることになる［図 6］。ユードの活動とほぼ機を一にして、直接の影響関係は認められないものの、パレルモニアルの聖母訪問会の修道女マルグリット＝マリー・アラコク（Marguerite-Marie Alacoque, 1647-1690）に 1673 年から複数回現れたと彼女が記録したイエスのヴィジョン［図 7］が、聖心信仰の広がりにつながるきっかけとなった[15]。

　中世の女性神秘家の場合と同じく、17 世紀、18 世紀の女性幻視家には、その幻視における神の指示を実現する男性聖職者が存在するが、アラコ

クの場合はコロンビエール神父（Claude La Colombière, 1641-1682）がそれにあたる。彼は後に書物を出版して、この信仰を定着させる役割を担った。現れたイエスは差し出した聖心に対する信仰を推進するように指示するが、そのエンブレムとして機能したのが、荊冠に囲まれ、光または炎が噴き出した、血が流れる傷のある心臓のモティーフ［図8］である。ここで、16世紀的な傷のある心臓に加わった二つの細部の意味について、ここで少し考察しておこう。

光や炎は、伝統的に熱烈な信仰心と結びつく。たとえば、かつてトマス・アクィナス（Thomas Aquinas, ca.1225-1274）の列聖をすすめたピサのサンタ・カテリーナ聖堂の、シモーネ・マルティーニ（Simone Martini, 1280/85-1344）によるピサ多翼祭壇画裾絵（1319年、テンペラ、板、195 × 340cm、サン・マトレオ国立美術館、ピサ）には、まだ聖人になっていないはずのトマスが他の聖人たちと並んで描かれており、その胸からは光が輝きだし

図6 《二つの聖心のある聖遺物》19世紀 92×46×11cm メヘレン司教座コレクション

図7 《マルグリット＝マリー・アラコクに示されたイエスの聖心》1752年頃に出版された書物の挿絵 Instructions, pratiques, et prières pour la dévotion au Sacré-Coeur de Jésus: L'Office, vespres et messe de cette dévotion（Paris, 1752)より

図8 イエスの聖心図をもつアラコク
Victor Alet, *La France et le Sacré-Coeur*, Paris, 1871 より

図9 アルブレヒト・バウツ《荊冠のキリスト》ca. 1500 45.5×31cm 板 油彩 ズエルモント・ルードヴィヒ美術館（アーヘン）

ている。また燃える心臓と結びつけられることの多い、アウグスティヌス（Aurelius Augustinus, 354-430）の場合、ボッティチェリ（Sandro Botticelli, 1445-1510）の《聖アウグスティヌス》（1480年、フレスコ画、152×112cm、オニサンティ聖堂、フィレンツェ）のように手を胸に当てただけの姿もあれば、素朴なハート形の心臓を手にしただけのもの、燃える心臓をもつものなどさまざまである。したがって、燃えだす炎には熱い崇敬の念が含まれていると言える。

　それでは、荊冠はどうであろうか。中世末に盛んだった五つの傷に対する信仰には、頭部の傷は含まれていない。また荊冠を被ってもなおゴルゴタの丘に向かうキリストの姿から、頭の傷はたいしたことのない拷問のように見える。しかしながら、たとえばアルブレヒト・バウツ（Aelbrecht Bouts, ca. 1450/60-1549）が描く半身のキリスト像［図9］において、額に描かれた青く膨れ上がった幾筋もの線は、荊冠の棘が頭の奥深くまで突き刺さっていることを示している。すなわち荊冠は脳に

対する攻撃を意味するのである。

　傷ついた心臓に、情熱を表す炎を伴わせ、それを脳との関連性の強い荊冠で取り巻くことで、単なる筋肉や血液循環のポンプに過ぎないと言ったローマの見解に対する反証を、この心臓はまとっているようにも見える。

　アラコクによる聖心イメージが祈りや祝日の設定や書物の出版などにおいて具体的な手がかりを提供して以来、このイメージは爆発的な広がりを見せ、さらにファーティマやルルド、リュ・ド・バックの聖母など一連の聖母出現において、現れた神や聖母により、一定の方法が指示されることで、聖心への信仰を広めようとする草の根的な力は、さらに強くなった[16]。その一方で、フランス革命を準備しながら、幻視に基づく聖心信仰を非合理的だと非難し、幻視を見た修道女たちを科学的な仕方で狂人扱いするような人々も存在した[17]。

　キリスト教を国教とはみなさなくなったフランス革命期は、キリスト教会にとっては大いなる受難のときであり、ナポレオンの登場によって一定の譲歩が見られたものの、教会の復興と再国教化をめざすフランスのカトリックやローマ教皇庁にとって、過去の受難を思い起こさせ、新たな宣教を開始させるような、フランス革命の情熱に対抗できるような一種の熱狂を生みだす必要があった。このようなときに思い起こされた過去の受難の一つが、豊臣秀吉による26殉教者の処刑である。これ以降も日本では大規模な迫害は繰り広げられたが、26人の受難はルイス・フロイス（Luís Fróis, 1532-1597）などの目撃者がその記録を出版し、その場面が上演され絵画化されることで、もっとも象徴的に失敗に帰した過去の宣教計画として、キリスト教圏で広く知れわたることになる。外国人の殉教者に関しては、各国のキリスト教会がその功績をたたえる記念碑を残すことで、海禁状態にあった日本人が予想できなかったほど、日本の受難は広く知られていた。このような中で、日本の再宣教に対する指令がパリ宣教会に対して発せられた[18]。

1-4　日本再宣教と日本の26聖人

　すでに述べたように、宣教師が日本上陸を果たし、聖堂を建立したことは、教皇にとって大いなる喜びであった。彼はかねてよりすすめられていた日本26聖人の列聖を認可したのだが、当時の日本人でこのことを知っていた人は皆無に近く、そのことを祝福した日本人はほとんどいなかったはずである。通常は列聖推挙の過程で、当の人物の生い立ちや殉教の詳細について調査がなされているべきであるが、鎖国中で禁教下の日本ではそのような情報を入手することは困難であった。フューレ神父（Louis-Théodore Furet, 1816-1900）に続いて上陸したプティ＝ジャン神父（Bernard-Thadée Petitjean, 1829-1884）等は、26聖人の殉教地であった長崎に向かい、フューレが大浦天主堂の建設に心血を注ぐ一方で、プティ＝ジャンは殉教地の特定や資料の収集に奔走した。聖堂建設への逆風に悩まされたフューレが帰仏したのち、建設を引き継いだプティ＝ジャンは、完成した聖堂を日本26聖人に献堂した。

　この聖堂には、人目をひく独特の外観があり、また、フランスから送られた聖母子像の存在に引きつけられるように、プティ＝ジャンの前に浦上の潜伏キリシタンが現れたことは、西洋世界に大きな驚きと感銘とを与えた。この出来事は禁教令下のことであったが、密かに宣教活動が続けられたことは、浦上四番崩れと呼ばれる弾圧の中で西日本各地に流された信徒の数からも推し計ることができる。このとき、信徒宅や密かにミサがおこなわれていた教会から没収された宗教具の中には、カトリーヌ・ラブレ（Catherine Labouré, 1806-1867）の出現聖母に関係する奇跡（不思議）のメダイや、スカラプリオや彫像が数多く含まれており、奇跡のメダイには二つの聖心の図像が刻まれている[19]。

　19世紀の日本再宣教や日本の26殉教者の列聖や開国初期の聖堂建設において、キリスト教図像の伝来という観点から注目されるのは、西欧で長らく信仰を集めながら19世紀まで正式に認可されることのなかっ

たイエスやマリアの聖心や聖母被昇天などの図像が、再宣教が始まると同時に、パリ外国宣教会の宣教師たちによってまずにもたらされたことである。このことは、キリスト教教会数が多いことで知られる五島列島において特に確認できる。

2　五島列島における再宣教

2-1　五島列島とキリスト教伝来

　キリスト教が五島に伝来したのは、大村のキリシタン領主の大村純忠（天文 2（1533）-天正 15（1587））が、親しかった五島の宇久純定（在位：天文 18（1549）-天正 14（1586））の病気を耳にし、横瀬浦にいたイエズス会士コスメ・デ・トーレス神父（Cosme de Torres, 1510-1570）に医師の派遣を求めたことに始まる。神父は日本人医師ディエゴを五島に派遣して治療に当たらせ、純定はまもなく全快した。このことに感銘した純定は、平戸のパードレ神父に使いをやり、五島に来るなら布教を許し教会の建立を認めると伝えている。招聘に応じて、永禄 9（1566）年にルイス・デ・アルメイダ（Luís de Almeida, 1525？-1583）が日本人修士ロレンソ了斎（大永 6（1526）-文禄元（1592））を伴って来島した[20]。

　アルメイダはリスボンの貴族の外科医で、ロレンソはザビエル（Francisco de Xavier, ca.1506-1552）に洗礼を受けた半盲の琵琶法師である。彼は、日本人初の耶蘇会修士として織田信長や豊臣秀吉の前でキリシタンの教えを説いた人物として知られる。高山右近（天文 21（1552）-慶長 20（1615））父子や諸将を入信させ、当時の信長の側近にいた若き日乗上人と信長の面前で宗教論を戦わし論破したこともある日本キリシタン屈指の布教者と言われている。五島では領主の後押しがあっても布教

はなんとか軌道に乗ったようだが、アルメイダは病気になりロレンソを残して離島した〔以下、人名原語、生没年、元号表記省略〕。翌年、代わって豊後よりやってきたバウティスタ・デモン神父の下で、福江の教会が完成した。領主純定は信者を厚遇したが、自身は改宗せず、嫡男純堯の改宗にも躊躇していたとされるが、純堯は自らすすんで改宗している。さらに 1568 年、デモンに代わったヴェラレッジョ神父と、ロレンソに代わった修道士ゴンサルベスの記録があり、1569 年にはアレキサンドル・ワリニアン神父が来福していた。しかしながら、神父は純堯の叔父である仏教徒の宇久盛重によって追放され、教会は廃止された。純堯の死後に起こった跡目争いの後、盛重の後見で領主になった純玄によるキリシタン弾圧は久賀島に始まり、信徒はほとんど根こそぎにされたが、秀吉の禁教令が発せられると、弾圧を逃れた大村藩の人々が五島に移住し、禁教令下の江戸時代の間、潜伏キリシタンとして住み続けたことが知られている[21]。

2-2 五島の再宣教

この 16 世紀の宣教期の後およそ 250 年を経て、1865 年 3 月 17 日に大浦天主堂において浦上キリシタンが信仰表明をした際、上五島桐古里郷出身のガスパル下村与作がこの出来事を五島の仲間に伝え、彼自身は宣教師と五島キリシタン代表者との懸け橋として活動した。浦上四番崩れに始まる明治政府の弾圧は、五島各地に飛び火したが、プティ＝ジャン神父は五島鯛ノ浦の伝道士森松次郎の要請にこたえて、フランスから長崎に着いたばかりのクザン神父を 2 回上五島に派遣している[22]。

信徒発見の 1865 年から 1877 年までの 12 年間は、外国の宣教師たちが直接現地に赴いて信徒を指導できる環境になかった。1876 年 5 月 22 日付勅書により、教皇庁は日本を二つの代牧区に分け、プティ＝ジャン司教は南緯代牧区長としてとどまった。1877 年末に五島に派遣された

フレノは、五島列島の担当司祭として約2年、マルマンは堂崎小教区初代主任として7年、ペルーは、五島列島の司教代理ならびに堂崎小教区第二代主任司祭として30年間働き、上・下五島教会の基礎を固めた。長崎教区が邦人司教区となる1927年まで上・中五島で宣教したパリ外国宣教会の司祭たちは、その後派遣されたブルレやマルマンとともに、洗礼、堅信、結婚を克明に台帳に記録し、聖堂建設などをすすめた。その他、1927年まで五島列島で宣教したパリ外国宣教会の司祭は、上五島ではクザン、ブルレ、デュラン、ベルトラン、クラインペーテル、ドゥラレスク、ガルニエ、中五島ではヒューゼ、下五島ではクラインペーテル、ドゥラレスクに加えてヴェイヨンの名前をあげることができ、全体で12人におよぶ同会の司祭たちが信仰の基礎固めをしたことになる[23]。

2-3 五島と聖心イメージ

現在では、かつてあった教会が廃止されたり、統合されて別の教会になったり、また少子高齢化や信徒数の減少によって、限界教会と呼ばれる聖堂も少なくないが、上五島29、五島市で21の計50の聖堂を数えることができる。これら現存する教会の献堂先には、伝統的な使徒もあれば、19世紀に新たに認可された無原罪の聖母などの崇敬対象も含まれている[24]。「イエスの聖心」に献堂された教会としては、上五島町では大曽教会、江袋教会、土井ノ浦教会、若松大浦教会、五島市では浜脇教会、福江教会をあげることができる。この他に廃堂となった葛島教会なども聖心に献堂されていた。上述の6教会は第3章で詳しく述べるが、これらの聖堂のように献堂先がイエスの聖心ではない場合でも、内部に聖心の像を設置している聖堂は少なくない。以下に2016年2月末から3月初めの現地調査で確認できたものをあげておこう[25]。

嵯峨島教会：中央祭壇に聖心のエンブレム。向かって左（神の右）に聖

心のイエスの彫像。

楠原教会：中央祭壇に聖心、聖杯のエンブレム。向かって左に聖心のイエスの彫像。

打折教会：中央祭壇の十字架が立つ聖櫃に聖心エンブレム。

三井楽教会：アルマ・クリスティのある聖心のイエス像。三井楽資料館には、旧三井楽教会で用いられた、聖心モティーフのある数多くの聖具が展示されている。

井持浦教会：外側に聖心のイエスの彫像［図10］。

江上教会：「いつくしみ深いイエスのご絵[26]」の画像。［図11］

有福教会：向かって左側に聖心を指さすイエスの彫像。

真手ノ浦教会：中央祭壇の十字架が立つ台に聖心のエンブレム。

焼崎教会：向かって左側に両手で衣を開き、聖心を示すイエスの彫像。

冷水教会：身廊向かって右側に聖心のエンブレム。仏西英独の四か国語でイエスの聖心と書かれた画像が掛けられている。入口にイエスとマリアの聖心の印刷画像［図12］。

江袋教会：中央祭壇向かって左側に聖心のイエスの彫像。

図10　井持浦教会の外にある聖心のイエス像。

図11　江上教会にあったものと同じ図像：「いつくしみ深いイエスのご絵」

五島のキリスト教教会群と聖心イメージ

図12　冷水教会　冷水教会の入り口外側に掲げられていた印刷画像。

仲知教会：中央祭壇向かって左側に、左手を添えて右手で聖心を指さす、聖心のイエスの彫像。

米山教会：中央祭壇向かって左側に、左手でマントを持ち、右手で聖心を指さす、聖心のイエスの彫像。

赤波江教会：中央祭壇向かって右側に、聖心の聖母の彫像。

曽根教会：中央祭壇向かって左側に、右手を下げ、左手で聖心を指さす、聖心のイエスの彫像。

丸尾教会：中央祭壇向かって左側に、両手を広げて聖心を示す聖心のイエスの彫像。

旧鯛の浦教会：資料館。中央の祭壇付近に聖心のマリアと聖心のイエスの印刷画像［図13］や聖心のイエスの画像［図14］。

新鯛の浦教会：中央祭壇向かって左側に、左手を上げ、右手で衣を開き聖心を指さす、聖心のイエスの彫像。

佐野原教会：中央祭壇向かって左側に、右手で衣を開き左手で聖心を指さす、聖心のイエスの彫像。

船隠教会：中央祭壇と両脇祭壇の間の上部に、半身の聖心のイエス（向かって左）と半身のマリア（向かって右）の画像。

101

図13 旧鯛ノ浦教会（資料館）の祭壇付近にある印刷画像。

浜串教会：中央祭壇向かって左側に、右手で衣を開き左手で聖心を指さす、聖心のイエスの彫像。中央祭壇の十字架が立つ台に聖心エンブレム。

福見教会：祭壇背後のステンドグラスの中央に聖心のキリスト。

高井旅教会：中央祭壇向かって左側に、右手で衣を開き左手で聖心を指さす、聖心のイエスの彫像。外側にも聖心のイエスの彫像［図15］。

図14 旧鯛の浦教会にあった印刷画像。

桐教会：中央祭壇向かって右側に、聖心のイエスの彫像。

このように、たとえイエスの聖心に献堂された教会ではなくても、中央祭壇に聖心のエンブレムがおかれたり、聖心のイエスが向かって左、つまり神から見て右という優位に置かれたりしていることがわかる。聖

図 15　高井旅教会の外側にある聖心のイエス。

心の聖母は数が少なかったが、これは正式に認可されたのがイエスの聖心であったことと関係するであろう。ちなみに無原罪の聖母に対する認可は1853年のことであるが、曽根教会、高井旅教会や、昭和44年に牢屋の窄殉教記念教会の建立と同時に閉鎖された赤仁田教会も、無原罪の聖母に献堂され、また被昇天の聖母（大平教会、水ノ浦教会、旧永里教会）やルルド出現の聖母（井持浦教会）など、関連する19世紀的概念も複数の教会の献堂先になっていることがわかる。

　これらの献堂先の決定や、教会におかれた彫像や画像の導入に、パリ外国宣教会の宣教師たちが関与していた可能性は高いが、その特定は一般に非常に困難である。聖心のイエスの図像についても、胸に聖心モティーフを付けているだけのもの、衣を開いてモティーフを示すもの、右手で指さすものなどさまざまで、着色されているものもそうでないものもある。これらの図像の特定と分類の作業は今後の課題となるが、ヨーロッパからもたらされたものばかりではなく、地元の信仰空間で新たに生み出されたものも少なくないだろう。

2-4　五島出身のキリスト教美術の制作者

　これら教会建築や絵画や彫刻などの作品制作に関して、良く知られた地元出身の作家に触れておこう。建築では鉄川与平が良く知られているが、紙幅の関係で稿を改めたい。彫刻では、中田秀和が良く知られており、彼が昭和37年（1962）12月初旬に完成させた鯛ノ浦教会の模造ルルドの前に、五島キリシタン復活120周年を記念して、昭和62年（1987）4月佳日にキリシタン文化史跡顕彰碑保存会によって建てられた顕彰碑から、その略歴を辿ることができる。彼は明治42年（1909）10月有川町中野に生まれ、国民義務教育を終えると地域住民から選ばれて上五島地区の伝道学校に入学した。その課程を修了するのを待って、美術絵画の専攻のために単身で上京し、カトリック美術協会、東京二科展などを経て、《母への最後の便り》や《出漁》などにより、洋画家として高い評価を受ける。

　まもなく彼はアトリエを構え、《高山右近》や《ガラシャ夫人》などの名画をはじめ、山口市の聖ザビエル記念聖堂や浦上天主堂の大壁画、また大浦天主堂庭園に掲げられている浦上信徒発見100周年記念の大型レリーフ、大村市放虎原205福者殉教者の列福100周年記念顕彰の中型レリーフなど、独創的な作品を制作し続け、昭和56年（1981）2月ヨハネ・パウロ2世教皇の訪日来崎の記念作を最後に他界した。家族によって引き継がれた長崎市の中田ザビエル工房は、現在でも幅広く、特に日本各地の教会に設置される作品を生み出している。

　また、三井楽教会や仲知教会では、新しい現代的なイメージを取り入れた斬新な内部装飾がおこなわれており、図像を介した信仰の展開という面で新しい息吹が感じられる。以下では、聖心に献堂された聖堂と、そこで見られる聖心図像に着目してみたい。

3　五島の聖心教会

　近代ヨーロッパにおける聖心図像の展開は、17世紀後半のアラコクに対する出現聖母とその痕跡から広まっていくが、それから60～70年の間に数え切れないほどの画像やレリーフが生み出され、聖心信仰が認可される前から、多くの聖堂がイエスやマリアの聖心に献堂された。五島でも、パリ宣教会の活動を支えた崇敬対象の一つである聖心は、そのイメージやエンブレムの設置からみると、再宣教当初から意図的に導入されていたことがわかる。ここでは実際にイエスの聖心に献堂された教会のイメージを検討することで、そのつながりの一端を報告しておきたい。〔以下、図の説明は、本文中の番号挿入箇所を参照。〕

1）**大曽教会**（上五島町、明治12（1879）年建立、現建物は大正5/1916年建立）

　キリシタン禁教令が厳しい頃、大村藩外海地方から信仰の自由を求めて五島へ逃れた信徒が、明治12（1879）年大曽裏迫に天主堂を建立したのが当教会の始まりだが、同地では厳しい迫害はなかったと言われる。

図16

図17

図 18　　　　　　　　　　図 19

　現存する聖心に献堂された教会としてはもっとも古いが、明治 12 年に建立された木造の教会は、若松島の土井ノ浦に移築され、大正 5（1916）年に、鉄川与助の設計施工で現在の教会が建てられた。現在の教会はレンガ造りの重層屋根構造で、八角形ドーム型の鐘塔や、凹凸や色の違いを使った壁面に特徴がある。
　内部は三廊式でリブヴォールト天井をもち、柱頭の彫刻は与助の父・与四郎による。聖堂内部は 3 廊式で、主廊部・側廊部ともに漆喰仕上げ 4 分割コウモリ天井で造られている。
　正面入り口の前に、両手を広げた救世主キリストの像［図 16］があり、胸に聖心エンブレムをつけ、両手にも傷痕が確認される［図 17］。聖堂内部に入ると、正面の祭壇の聖櫃の扉に楕円状に広がった光線を放つように鍍金された聖心のレリーフが貼り付けられている［図 18］。ハート型は完全な対称型ではなく、向かって右から左へややはねたような形状で、上の開口部からは炎につつまれた十字架が現れ、心臓のもっとも幅広の部分に荊冠が巻き付いた、ヨーロッパで 18 世紀頃から見られる伝統にしたがう図像となっている。
　この聖心は両側に一本ずつ立つ円柱ピラスタに挟まれ、その上の持ち送りが三つ葉型を囲む半円形アーチを支え、その上に三角破風状の構成

要素があり、その全体をさらに背の高い円柱ピラスタが挟んでいる。円柱ピラスタ、柱頭、持ち送り、半円形アーチ、三角破風などからなる造形単位は、内部にバラの鍍金細工を載せて、左右に三連ずつ続く複雑な祭壇を形成している。とはいえ、柱頭は身廊部の柱頭と呼応し、また四辺の花を意匠化した円形の装飾モティーフも、西ドイツ製のステンドグラスの意匠と響きあう。百合の花、棕櫚、こぶし花などの意匠を通して意味付与をしながら、この聖櫃は聖心に捧げられた聖堂全体の縮図のように見えてくる。実際、祭壇上部中央の壁がんには、慈愛を表す赤い外衣をまとい、右手を下方に向かって広げ、左手で聖心を指さす聖心のキリストが置かれている。また扉上部や、外扉上部にも、百合の花をしたがえた聖心モティーフ［図19］が描かれているが、扉の内と外で心臓の方向が逆転しているように見え、内側の聖心がそのまま外に現れ出たようにも見える。

2）江袋教会（明治15（1882）年建立、平成19（2007）年火災により焼損、平成22（2010）年5月に復元）

　江袋の信徒は、禁教令の高札が撤去された明治6（1873）年に激しい迫害を受けたが、明治15（1882）年にはパリ外国宣教会のブレル神父の指導と援助で木造瓦葺き平屋建てのこの教会が建てられた。五島初の日本人神父となる島田喜蔵の叙階を前にして、その出身地に同所初の天主堂を建立したのである。彼による最初のミサでは聖堂が人で埋まったと伝えられる。昭和23（1948）年以降は約2km北にある仲知教会の巡回教会となっていたが、平成19（2007）年に焼損するまでは、五島最古のこうもり天井有し、日常的にミサで使われる日本最古の木造教会だった。

　平成19（2007）年2月12日、漏電が原因とみられる火災で全焼したが、カトリック長崎司教区は、調査の結果、柱や梁など焼け残った建材をそのまま使って復元することとし、翌年6月に修復工事がはじまり、

図20

平成22（2010）年5月9日に、カトリック長崎大司教司式により落成記念ミサ・落成式がおこなわれた。

敷地内には、内側の赤によって慈愛を表すマントを纏った聖心のイエスが両手を広げて立ち、胸の上に付けられた聖心エンブレムも赤く着彩されている［図20］。図像的には大曽教会の外に立つものと同じ祖型に由来する。

内部中央には、大曽教会のものよりシンプルだが、基本構成が似ている祭壇がおかれ、中央にある十字架を挟むように、バラ、麦、百合を意匠化した鍍金レリーフのあるパネルが左右に三連ずつ続いている。十字架が立っている聖櫃の扉には、十字架にバラ、麦、百合を組み合わせたエンブレムが取り付けられている。左右のパネルの裾には、小型のピラスタで仕切られた矩形パネルがあり、中央から順に聖心、錨、星を載せている。聖心は大曽教会で見られたものと同じタイプだが、心臓には赤い着彩が施されている。この祭壇の、向かって左側に、大曽教会の中央壁がんにあったのと同じタイプの聖心のイエスが置かれていて、右手を下方に向かって広げ、左手で聖心を指さしている。

3）土井ノ浦教会（大正4（1915）年大曽教会を買い受けて現在地に移築。昭和14（1939）年、平成10（1998）年に大改装）、

大正4年（1915）6月に、旧大曽教会を買い受けて、船で現在地に移築し修復して作られた教会で、大正7（1918）年にコンバス司教によって祝別された。昭和17（1918）年と平成10（1998）年に大改装がおこなわれている。当初桐小教区に属していたが、昭和32（1957）年に分離した。教会の隣には若松島において斬首刑で殉教した伝道師カリスト

日向の名を冠した「カリスト記念館」があり、1600年代の潜伏時代からかくれ時代に至るまでのキリシタン資料と遺物などが集められている。

土井ノ浦の港に下っていく急な斜面の上、教会に辿りつく手前に、聖心のイエス像［図21］が立っている。この像は、大曽教会や江袋教会の場合と同じく聖心のエンブレムを胸の中央に着けているが、衣服と身振りが異なり、身の丈ほどもあるマントを纏わず、丈が短く袖の膨らんだ上着を身に着け、両手を横に広げるのではなく、まるで下から上がってくる人を迎えるかのように、下方に向かって広げている。イエスの像がある場所から一段下がったところでは、風の聖母と名付けられた、ルルドの聖母像が岩の窪みに

図21

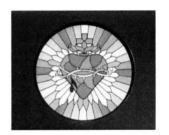

図22

置かれている。近隣には、桐地区の弾圧の噂を耳にして土井の浦のキリシタンたちが隠れ住んだ、キリシタンワンドと呼ばれる洞窟がある。ここには現在でも船でなければ近づくことができず、昭和42（1967）年に建てられた十字架やキリスト像の管理も、この教区の人々がおこなっている。

　内部は、大曽教会から譲り受けたままの三廊式堂内で、簡素で重厚な雰囲気を漂わせている。束柱の上にある柱頭から延びる半円形アーチやこうもり天井には、明治初期の竹組みや漆喰などの技法が引き継がれている。柱間の間隔が均一ではないのは、二度にわたる拡張工事の結果であろう。両側のステンドグラスは、明治14（1881）年の桐教会のガラ

スと同じものが使われている。聖堂入り口の上部には、バラ窓のように聖心エンブレムのステンドグラス［図22］があり、複数の色ガラスを組み合わせるという技法的特性により、斬新な印象を与えている。

　正面の祭壇上部の壁には巨大な十字架が掛けられ、そこには十字架上で通常目にする死せるキリストではなく、両手をあげた着衣のキリスト像が設置されている[27]。これは平成になってから設置されたもので、キリストの死と復活とが重層的に重ねあわされている新しい概念を示しているものだが、類似の十字架は新三井楽教会でも見ることができる。

4）若松大浦教会（大正15（1926）年祝別）

　大正15（1926）年8月5日に祝別されたが、現在は桐教会の巡回教会となっている。信徒は20世帯に満たず、屋根の上の十字架と入口上部の十字架によりかろうじて教会だと識別できる佇まいである。

　内部も非常に簡素で、向かって右側の礼拝所に置かれた十字架の櫃も、

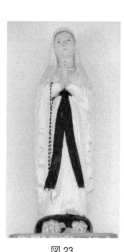

図23

図24

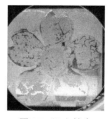

図25　江上教会
ステンドグラスの手描模様

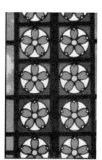

図26　大曽教会
ステンドグラスの
花模様。

その上下に十字架が置かれているだけである。周囲に掲げられた 15 留の十字架の道行は、キリストの顔と手と十字架の一部だけを表した金属レリーフで、他の教会にも類似例が見られるものの、聖堂の簡素な設えに合致している。聖心に献堂された教会だが、典型的な聖心のエンブレムは見当たらない。祭壇上部に地元大浦集落の信者が製作した聖母像［図 23］が設置されているが、これは新妻を思いながら制作するうちに、西洋風の聖母像とは違いふっくらした顔立ちになったと伝えられ、個性的な聖像となっている。この聖母の足元に彫られたバラの花びらがハート型［図 24］で、聖心を意識して作られたものと思われる。ちなみに、五島の教会のステンドグラスでは、桜の花びらのように先の割れた五弁の花が文様化されているが、それらは桜というよりは、この彫像の場合のように、ハート型の花弁をもつバラと考えた方が良いだろう［図 25］［図 26］。また、この小さな信徒共同体から輩出された、宮原良治神父の司祭叙階（1982 年 3 月 19 日）を記念した、西洋の物語画の伝統を引く《復活のキリスト》図が掲げられていて、聖堂内の簡素さと好対照をなしている。

5）浜脇教会（正式には「至聖なるイエズスの聖心」に献堂、明治 14 （1881）年建立、現建物は昭和 6（1931）年建立）

　現五島市に属する久賀島に、明治 14（1881）年に初めて建てられた教会である。久賀島には、寛政年間に迫害の嵐を避け、安住の地を求めて大村藩から移住した潜伏キリシタンが落ち着いた、上平、細石流、永里、幸泊、外輪、大開などの集落がある。長崎の信徒発見の出来事は久賀島にも伝わり、禁教政策が続いているにも拘わらずキリスト教徒であることを公然と表明する人々が現れ、このことが 42 名（牢内で死亡 39 名、出牢後死亡 3 名）の死者を出すことになった久賀島牢屋の窄殉教事件へと発展した。この過酷な迫害を乗り越えた人々や子孫達が、禁教の高札撤去後、経済的にも厳しい生活の中から金銭面や労力奉仕などの犠牲を

図 27　　　　　　　　　　　　図 28

払い、浜脇教会（現、旧五輪教会）を建てたのである。

　しかしながら、木造の教会は潮風にさらされて痛みが激しく、また増え続ける信徒の数に対応できなくなり、昭和6（1931）年、五島初の鉄筋コンクリート造りの教会に建て替えられ現在に至っている[28]。内部は三廊式で、身廊と側廊の仕切りは、わずかに先の尖ったゴシック式であるがあまり高さはなく［図27］、淡いピンクの四分割リブヴォールト［図28］で枠取られた尖頭形の壁面にある窓から、光が差し込む。奥まった内陣にある祭壇には、麦穂や葡萄の葉を意匠化したパネルが並び、その背後の壁面高いところに、赤いマントを纏った聖心のイエス像が設置されている。

　県指定有形文化財として保存されている、かつて浜脇聖堂であった現在の旧五輪聖堂も、外観は全くの和風建築だが、内部は三廊式で、板張りの四分割リブヴォールトや尖頭形アーチや壁面は共通している。高いところの窓はないが、ゴシック風祭壇を備えた本格的な教会建築である。

　浜脇教会から移設され、巡回教会として使用されていた当時は、聖ヨゼフに献堂されていたため、祭壇の中央では十字架を置いた聖櫃の上方に、幼児イエスを抱く聖ヨゼフの像が聳えている。しかしながら、聖櫃の扉には、炎に囲まれた傷ついた聖心を枠取るように荊冠が取り巻き、そこからさらに光線が放たれ、十字架が四本の釘と共に黒々と浮かび上

がっている［図29］。これは、アラコクに現れ銅版画として広まった17世紀的図像に近い。また、左側廊正面には、赤いマントを羽織った聖心のイエスの像がおかれているが、大曽教会にあったような、左手を下げているタイプではなく、右手で衣を広げ左手で聖心を指さしているように見える［図30］。これも19世紀半ばのフランスで見られるもので、台座にあるユリの花のエンブレムと合わせて、パリ外国宣教会の関与を強く感じさせる。

図29

この聖堂にはムリーリョ作品のコピーなども置かれている。いつ頃どのような経緯でもたらされたものかは不明であるが、他の聖堂では、シャンパーニュやフラ・アンジェリコやラファエロと関係する印刷画像も見られ、宣教師の活動がわが国での西洋美術移入のルートの一つとして重要であったことが伺える。

図30

6）福江教会（明治43年前後建物付土地を
　購入し、建物を改造して教会として使用。現建物は昭和37年建立）

　福江教会は五島市の行政、経済の中心地に位置し、下五島地区では信徒数がもっとも多い教会である。その歴史は、明治29（1806）年に久賀島から最初の信徒[29]が福江地区に移り住んだことから始まり、その後、ペルー師が明治43（1910）年前後に、当時公立病院の病棟が建っていた現在の教会敷地を建物と共に購入し、教会に改造したことに端を発する。

　信徒の長年の夢であった新しい教会の建設は、信徒らが資金を出し合い、昭和36（1961）年着工、翌年4月25日に献堂という形で実を結んだが、そのわずか5か月後の9月26日未明に起こった「福江大火」に

113

おいて奇跡的に焼失を免れ、復興のシンボルとして人々を勇気づけた。

　福江教会ファサードの入り口上部には、聖心のエンブレムを胸につけて両手を広げた聖心のイエスの像［図31］がある。祖型は大曽教会の外に置かれていたものと同じで、台座には「我は道なり、真理なり、生命なり」（『ヨハネによる福音書』14:6）という銘文が刻まれている。内部は単堂式のモダンでシンプルな作りで、中央の祭壇の上部に磔刑の十字架が掛けられ、その上部に聖心のイエスを描いた大きな絵が掛けられている。左右の壁がんにはそれぞれ彫像が置かれ、向かって左側に、左手を下げ右手で聖心を指さすタイプの聖心のイエス像が置かれている。

　中央の絵画［図32］は元々、聖堂の後ろ正面出入り口真上二階翼部の壁に掲げられていたが、平成13（2001）年聖堂大改修の際、平野神父はこれを修復させて正面に掲げた。この油絵は、昭和37年夏、福江教会がイエズスの聖心に捧げられた教会であることから、大石匕凰（かおう）画伯（元日本美術家連盟会員、昭和59年没）によって8月25日に献納された[30]。渡欧経験もある大石は、確証はないが、フランスにおける聖心のイエスの画像［たとえば、図33］を、いく

図31

図32

図33　1865年、イエスの聖心へのラヴァル教区奉献を記念して制作された画像に基づくチラシ。

つか参考にしたかもしれない。

結びにかえて

　もともとキリスト教の信仰空間において、聖書に記された概念として知られていた聖心は、11世紀頃から私的な祈りの場で、徐々に崇敬の対象になり始めていた。それはやがて他の崇敬対象と関連しながら展開し、17世紀頃からさまざまなイメージを通して広がりを見せた。さらに、フランス革命を経た19世紀には、キリスト教危機の時代を乗り越えるための一つの手がかりとして、世紀半ばにイエスの聖心への崇敬が教皇庁によって認められた。17世紀初頭に徹底した禁教政策がとられた日本における26殉教者の列聖も、過去の受難を想起することで、現在の受難を乗り越える礎とするために西洋において注目されたものである。すなわち、まだその存在も明らかになっていない日本のキリスト教信者に向けておこなわれたというより、西洋人の信仰心向上と、新たな宣教活動に向けた檄のようなものであったのかもしれない。

　その任を帯びたパリ外国宣教会の宣教師たちが、まず長崎を活動拠点にしたのも、26殉教者殉教の聖地として祝別するためでもあった。その過程で、すでに潜伏キリシタンが数多く暮らしていた五島列島においても、パリ外国宣教会の宣教師たちが活発な活動をおこなうことになる。ここでは彼らがもたらしたと思われる聖心崇敬の手がかりとしてのイメージを中心に扱った。図像面では興味深い例も他に数多く見られるのだが、聖心に献堂された6教会を比較的詳しく扱い、現時点で確認できたことを報告した。

　「愛」「知」「理」など西欧由来の概念が本格的に受容されるのは明治以降のことで、現在では一般的に見られるハート型で愛を伝えるという

図35　安養寺、嵯峨島、五島市

図34　《聖フランシスコ・ザビエル》
17世紀初頭、神戸市立博物館

　慣習は、明治までの日本に存在しなかった。しかしながら、神戸市立博物館所蔵の《聖フランシスコ・ザビエル》［図34］において、ザビエルが手にしている燃えるハートからわかるように、神への愛をハート型で示すことは16世紀の日本で知られており、また、聖心をもつマリア観音の存在も確認されている。
　ところで、幼児を抱く仏像は、キリスト教との接触を経たあとのマリア観音など、一部にしか見られないものである。しかしながら、五島の安養寺に並ぶ赤子を抱いた地蔵の列［図35］は、東西文化のほほえましい融合と見なすこともできよう。間引きを逃れて五島にわたった潜伏キリシタンと、日本初の養護施設を開いた明治期のキリスト教徒の活動を照らし合わせるなら、生き抜くことへの確かなメッセージがそこにはあるように思われる。

注
1）横浜天主堂献堂・カトリック山手教会150年史編纂委員会『横浜天主堂献堂150周年記念誌、横浜天主堂・カトリック山手教会150年史』カトリック山手教会、2014年、4-7頁。その他文献は、拙著「出現と痕跡—パリ外国宣教会を手がかりに」『関西大学東西学術研究所紀要』第49輯、2016年、163-188頁を

見よ。
　また、以下本論では「信仰」と「崇敬」という概念を混在させている。おおむね、画像や彫像を通して神への祈りをおこなう行為を「信仰」とし、画像などのイメージや意味内容を大切にする行為を「崇敬」としたが、もとより厳密に区別することは難しい。

2）フォルカード神父については、中島昭子「フォルカード神父とカトリックの日本再布教」『キリシタン史の新発見』岸野・村井編、雄山閣出版、1996年、102頁。

3）*Lexikon der christlichen Ikonographie*［以下、LCI と略］, hrsg. von Engelbert Kirschbaum in Zusammenarbeit mit Günter Bandmann et al., vol.3, Rom: Herder, 1968-1972, col. 250-254 [Herz Jesu]. Lise de Greef, "Epilogue (of Barbara Baert, The glorified bogy), Sacred Heart and Eucharistic host: the internalized image," in: Exh. Cat., *Backlit Heauven: Power and devotion in the archdiocese Mechelen*, Mechelen, Lamot, 21 Mar.-21 June 2009, pp. 146-152. Jacques Le Brun, "Politics and Spirituality: The Devotion to the Sacred Heart," in: *The Concrete Christian Life*, ed. by. Christian Duquoc, New York: Herder and Herder, 1971, pp. 29-43.

4）De Greef, *op. cit.*（note 3）, p. 146. LCI 3, *op. cit.*（note 3）, col. 250. 小池寿子『内臓の発見―西洋美術における身体とイメージ』、筑摩書房、2011年、237-245頁。

5）Michael Camille, *The medieval art of love: objects and subjects of desire*, London: Laurence King, 1998, pp. 111-112 & pp. 116-117.

6）ロブ・ダン（高橋洋訳）『心臓の科学史―古代の「発見」から現在の最新医療まで』、青土社、2016年、37-96頁。

7）David Parlett, *The A-Z of Card Games*, London: Oxford University Press, 2004（1992）.

8）Exh. Cat., *The Art of Devotion in the Late Middle Ages in Europe 1300-1500*, red. by Henk van Os, Rijksmuseum Amsterdam, 20 Nov. 1994-20 Feb. 1995, pp. 116-117.

9）De Greef, *op. cit.*（note 3）, pp. 146-147. LCI 3, *op. cit.*（note 3）, col. 14-15（Lanze）.

10）Exh. Cat., 1995, *op. cit.* (note 8), pp. 171-172.

11）Exh. Cat., *Tablae Mundi, Frühe historische Kartentafeln bis zum Beginn der Neuzeit*, Projekt Monumenta Cartographica, Univ. Essen, 2004, pp. 18-19.

12）聖顔とその崇敬については、拙著「神の肖像―ヤン・ファン・エイクの《聖顔、あるいはイエスの肖像》」『初期ネーデルラント美術にみる個と宇宙Ⅰ〈人のイメージ〉共存のシュミラークル』、ありな書房、2011年、7-36頁；水野千依『キリストの顔、イメージ人類学序説』、筑摩書房、2014年。

13) レオナルド・ダ・ヴィンチが、ガレノスの知見を大幅に更新したことは知られており、実際に「解剖学全書」を書く可能性を論議し、その手稿を1518年にアラゴンの枢機卿に見せているため、この頃から教皇庁に新しい科学的知識が伝わっていたと思われる。ダン、前掲書（註6）、pp. 67-68.
14) De Greef, *op. cit.* (note 3), p. 146.
15) De Greef, *op. cit.* (note 3), pp. 146-152. Le Brun, *op. cit.* (note 3), pp. 29-32. Raymond Jonas, *France and the Cult of the Sacred Heart, An Epic Tale for Modern Times*, Los Angeles: University of California Press, 2000, pp. 9-16.
　　マリアの聖心は、イエスの死を預言するシメオンの言葉によってその心に剣を受けたことから、剣がささった心臓がアトリビュートとなる。
16) 詳細や文献は、蜷川2016（注1）を参照。
17) 柏木治「フランスの王政復古と幻視—天空の十字架、大天使の出現、蘇る聖遺物崇敬」および「ルルドの奇蹟と聖母巡礼ブームの生成」、浜本隆志編著『欧米社会の集団妄想とカルト症候群』、明石書店、2015年、191-241頁参照。
18) 詳細や文献は、蜷川2016（注1）を参照。
19) 詳細や文献は、蜷川2016（注1）、および拙著「日本とキリスト教美術：大浦天主堂にもたらされた二体の聖母像」『EUと日本学〜「あかねさす」国際交流』関西大学出版部、2012年、175-200頁を参照。
20) 尾崎朝二『拓かれた五島史』、長崎新聞社、2012年、128-152頁。下口勲『復活の使徒』、私家版、2013年。
21) 潜伏期の過酷な生活については、尾崎2012、前掲書（注20）、468-470頁に関連文献一覧がある。また、下口勲神父（現大浦教会）が各在任地で数多く収録した証言からも、伺うことができる。下口勲『福江教会の牧者たち』、私家版、第1巻、2014年、第2巻・改訂版、2015年、第3巻、2014年、『島の信仰の輝き：福江教会献堂50周年記念』、私家版、2012年；『浜脇教会の牧者たち』、第1〜4巻、2013年；『仲知教会の牧者たち』、私家版、平成13年。
22) パリ外国宣教会が派遣した宣教師は下口2013、前掲書（注20）、453-454頁に一覧としてまとめられている。また阿部律子「長崎のフランス人神父一覧」『長崎県立大学論集』、第40巻第4号（2007年）、35-48頁に、パリ外国宣教会の来日神父たちの原綴、生没年、略歴が記されているので、本文では原綴、略歴、敬称ともに省略した。
23) 下口2013、前掲書（注20）、1-382頁、ここではフレノ、マルマン、ペルーの3宣教師が、信仰復活の生みの親として、詳しく扱われている。
24) 五島列島の教会群は、宣教師と信徒集団とが力を合わせて建設したもので、それぞれの教会から、個性と歴史と信仰の強さを感じることができる。キビナゴ漁やシビ（マグロの子）の豊漁時や、クジラ漁への協力で得た収入によって教会が建てられたこともある。後者の例は浜串教会で、クジラの発見料によって教会建設費用をまかなったため、クジラ御堂（あるいは、見堂）とも呼ばれる。

25) 以下で述べる各聖堂に関する情報は、注20、21であげた下口勲神父の著書、および以下のパンフレット類、インターネットのサイト、現地ガイドの話から入手した。『五島市教会巡りハンドブック』、五島市世界遺産登録推進協議会、2015年（6刷）、『長崎県、五島列島、新上五島町、カトリック教会の拝観ハンドブック』、NPO法人長崎巡礼センター、2015年（第5版）、『祈りの島を旅する、五島列島教会巡り』、五島観光連盟、『五島列島、巡礼の旅、明日の世界遺産へ』、五島観光連盟、「長崎旅ネット」http://www.nagasaki-tabinet.com: 2016年7月30日確認、「長崎を世界遺産の島に」http://www.city.goto.nagasaki.jp/sekaiisan/: 2016年7月30日確認、「長崎の教会、五島」http://www1.odn.ne.jp/tomas/gotou.htm: 2016年7月30日確認、他。また、聖堂内での写真撮影は認められなかったので、聖堂内の叙述はこれらの情報とメモから組み立てた。
ここでは、訪問した順に教会を掲載した。

26) 「いつくしみ深いイエスのご絵」は、ポーランドの聖女ファウスティナに1931年に出現した、白い長衣を着て、胸から赤と青白い二本の光が流れていたイエスの姿に関係する。『神のいつくしみへの礼拝』、聖母の騎士社、2015年（第15版）、22-23頁。したがって、パリ外国宣教会とは直接関係しないが、新しいタイプの聖心図像であり、ポーランド国内はもとより、フィリピンや中国などでも数多く見られる。江上教会の方によると、日本人神父によりもたらされた。

27) 新三井楽教会で巨大な十字架が宙に浮かんでいるような感覚は、19世紀のフランスに現れた天空の十字架（柏木、前掲書、194-198頁）を連想させるが、特に関係があるわけではない。

28) 下口2013, 前掲書（浜脇3、注21）、407-422頁。

29) 産婆であったこの信徒、野濱ナツについては、下口2012, 前掲書（島の信仰、注21）、347頁を見よ。

30) 下口2015, 前掲書（福江2、註21）、97頁。大石はもともと仏教徒であったが、福江教会の松下神父との出会いをきっかけに改宗したと、今井美沙子は回想している。下口、同書、161-162頁。油絵の修復については、下口、前掲書（福江3、注21）、23-26頁。

図版出典一覧

Michael Camille, *The medieval art of love: objects and subjects of desire*, London: Laurence King, 1998.（図1）（図2）

Exh. Cat., *The Art of Devotion in the Late Middle Ages in Europe 1300-1500*, Rijksmuseum Amsterdam 1995.（図3）（図4）

Exh. Cat., *Tablae Mundi, Frühe historische Kartentafeln bis zum Beginn der Neuzeit*, Projekt Monumenta Cartographica, Univ. Essen, 2004.（図5）

Exh. Cat., *Backlit Heauven: Power and devotion in the archdiocese Mechelen*, Mechelen, Lamot, 2009.（図 6）

Raymond Jonas, *France and the Cult of the Sacred Heart, An Epic Tale for Modern Times,* Los Angeles: University of California Press, 2000.（図 7）（図 8）（図 33）

Bernhard Ridderbos、*Schilderkunst in de Bourgondische Nederlanden,,* Leuven, 2014.（図 9）

『神のいつくしみへの礼拝』、聖母の騎士社、2015 年（図 11）

下口勲『島の信仰の輝き』、私家版、2012 年（図 32）

図録『ポルトガルと南蛮文化』展、東京、1993 年（図 34）

絵葉書、チラシ　発行所記載なし（図 10）（図 23）〜（図 28）

筆者撮影（図 12）〜（図 22）（図 29）（図 30）（図 31）（図 35）

南西諸島の住まいを貫く女性原理

森　　隆　男

はじめに

　住まいの調査で訪れた南西諸島では、概ねまず一番座に迎えられ男性の主人に対応された。その時主婦は二番座または三番座にひかえている。一番座に祀られている床の神や二番座の仏壇については主人から情報が得られるが、三番座に祀られている火の神については主婦にしかわからない。女性の大臣を迎えた家で一番座の上座に座ってもらったことが話題にのぼったが、これは極めて例外的なことであるという。性別による序列とも解釈できるが、筆者は明確な男女の領分が存在すると考えている。

　住まいの空間をオモテ―ウラとカミ―シモに分け、それぞれの部屋の機能から構造をさぐる研究は多い。三井田忠明はこれらの水平的な視点に、ウエ―シタという垂直的視点を加えた分析を提唱している[1]。住まいは立体的な空間であり、その構造を分析するうえで注目すべき方法と思われる。また筆者は、母屋さらに敷地内の別棟の建物全体で生活が展開される南西諸島の住まいにおいては、クチ―オクの線で示すことができる秩序からの分析が有効であるという指摘をしたところである[2]。具体的には南西諸島の住まいにおける通過儀礼で、クチ―オクの線上に位置付けられる部屋と人々の動線、さらに神々の祭祀を通して住居観をさぐる方法を提案した。

　本稿では南西諸島のうち八重山地方の与那国島、宮古地方の宮古島、

来間島、沖縄地方の沖縄本島の具体的な事例を中心に、住まいにおける男女の領分を部屋の機能とそこに祀られる神々の役割から検討する。その上で男女の性による区分とそれに連動する神々の祭祀が、クチ―オクの線上で明確な秩序を創出していることを明らかにしたい。

1　先行研究

　住まいを女性の視点で考察した研究のうち、代表的な論考をあげておきたい。

　住居空間を「女の家」として、女性の視点でみようとしたのが宮田登である。宮田は住居空間のうち主として男性の管理下にあるのは母屋のオモテ側で、ザシキ・神棚・仏壇・床の間などをあげ、そこに「公」の性格を見出した[3]。あわせて石塚尊俊の納戸神の研究[4]を受けて、母屋のウラ側に女性の管理下にあるナンド・ナンド神・かまど神・祖霊などに「私」の性格を認めた。その上で前者が拡大・伸長して後者のコスモロジーとしての「女の家」を侵食していると指摘した[5]。「家のフォークロア」と題して発表されたこの論考は、高度経済成長期に消滅していった伝統的な住まいの再評価を提案する趣旨であった。宮田の主張はオモテを男性、ウラを女性に関わる空間とみなした上で両者の関係を論じた興味深いものであるが、具体的な事例の検証を経て導かれた成果とは言えない。

　1985年に「家と女性＝暮らしの文化」をテーマに刊行された『日本民俗文化大系　第10巻』では、坪井洋文が「住居の原感覚」の中でオカマサマを取りあげている。福島県伊達郡湯野村（現福島市）の事例について、いろりに祀られる三宝荒神とは別にカッテの奥の屋根裏に御幣を吊り下げ、田植後に苗を、稲の刈り上げ後と収穫後には餅を供えるという習俗を紹介した[6]。この神は台所の神で、注目したいのは女神と伝

承されている点である[7]。さらに住まいの奥に位置する寝室にオヘヤサマと呼ばれる神が祀られており、一つの神が機能分化した結果と主張している[8]。坪井の論考は高取正男が「公」と「私」の視点から住まいに祀られる「私」（わたくし）の神々に注目し、その存在と役割を指摘したこと[9]などを受けて、急逝した彼の代わりに執筆したものであった。これらの論考は住まいのウラ側を女性の領域とし、そこに女性に関わる神が祀られていることを指摘している点で共通している。

　南西諸島の住まいについて、早くから馬淵東一が東と南を男性が支配する空間、西と北を女性の支配する空間であると指摘した[10]。それを受けて、『日本民俗文化大系　第10巻』の中で、沖縄本島の住まいについて女性原理を抽出したのが村武精一である[11]。ナンドは母屋の暗い空間に位置付けることができ、さらに倉も含めて異界につながる空間であると指摘した。すなわちナンドは両義的空間であり、カオス空間であるとする。ここには「暗」・「私」・「裏」・「隔離」・「女性」の要素が認められ、「明」・「公」・「表」・「統合」・「男性」の要素をもつ表座敷に対立するという。また母屋が基本的に田の字型の間取りをしているとした上で、公の会合では一番座は男性、二番座は女性というように区別がなされているとし、火の神の祭祀なども考慮しながら、住まいの西側を女性の空間と位置付けている。宮田が男女の優劣を母屋のオモテとウラに見出したのに対し、村武は優位の東側を男性、劣位の西側を女性の空間とした。さらに論考の前半で中国地方のナンド神などについて紙幅を割いたように、日本列島の中で女性原理を追究する視点を示した点は高く評価できる。しかしこの論考には火の神と司祭者としての女性は取りあげられているが、男性が祭祀する床の神や個人の守護神など他の神の祭祀への言及が少ない。さらに日常生活や儀礼時における男女の動線の分析も不可欠であろう。

2 事例の検証

2-1 与那国島

　日本列島最西端の島として知られる与那国島はしばしば大型台風に襲われてきたが、2015年9月の台風21号は最大風速81メートルの猛烈な風をともない、島内の古民家に大きな被害を与えた。筆者が訪れた12月でも、破壊された赤瓦の屋根をもつ古民家が放置されていた。被害を受けた民家を含む4軒の住まいについて見学を許され、うち2軒で聞き書き調査をすることができた。ここではそのうちの東迎家を例に、男女の領分からみた住まいの構造を検証する。

事例1　東迎高健家

　東迎家は1953年に現当主の父が建築した住まいで建築年は比較的新しいが、与那国島の典型的な民家として国の登録有形文化財になっている。母屋のほかに防火用水をためる大型の石製水盤、石垣、井戸も登録文化財である。母屋の柱は曽祖父が植林したイヌマキが使用されており、

写真1　東迎高健家

南西諸島の住まいを貫く女性原理

不足分は西表島や石垣島から調達されたと伝承されている。ヒンプンが撤去され、1985年に三番座を含む西側部分が改築された。母屋は六間取りの大型の住まいで、玄関はなく通常は二番座の縁から出入りしている。

当家について主人の高健氏（1934年生まれ）と主婦の八四子氏（1933年生まれ）から聞き書きをすることができた。また与那国町教育長の崎原用能氏（1947年生まれ）や地元の研究者がまとめた報告書からも多くの情報を得た。当家を例に与那国島の暮らしと祭祀を紹介する。

① 間取りと暮らし

図1は東迎家の間取り図（原図は与那国町教育委員会提供）である。一番座は正式な客を迎える部屋であり、祝儀・不祝儀の儀礼の場である。

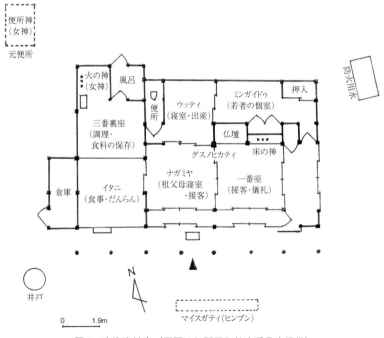

図1　東迎高健家（原図は与那国町教育委員会提供）

この部屋は主として当主の男性が管理している。二番座はナガミヤと呼ばれ、祖父母の寝室に当てられるほか非公式な客の対応にも使用される。この部屋は主として主婦が管理する。

　三番座は板敷の部屋という意味でイタニと呼ばれ、家族の食事の場であり、テレビが置かれて家族のだんらんの場になっている。近所の人など親しい人との対応はこの部屋が使用される。崎原氏によると農具の保管場所に使用する家もある。一番裏座はミンガイドゥと呼ばれ、結婚前の若者の部屋でもある。一番座の東側の縁を通って出入りができる構造になっている。若者が使用するときは男女交際の場になり、基本的には主婦の管理下にあるが、その際は主人や主婦の管理下からは外れることもあるという。若者が結婚すると新婚夫婦の寝室に当てられる。二番裏座はウッティと呼ばれ、家族の寝室である。また出産の場にも使用され、産婦の身体を温めるためにかつてはディル（いろり）が切られていた。三番裏座は調理場であり、味噌や食料の保管場所である。

　当家で行われた婚礼では、一番座で新郎新婦と親族が三々九度の盃を交わした後、一番座と二番座で親戚の人びとが中心となって祝いの宴が催される。その間、新婦は一番裏座で同年代の女性たちとおしゃべりを楽しむ。女性だけのおしゃべりは宮古島でも見られ、儀礼の一部と考えられる。宴が終了して一番裏座で新婚夫婦の生活が始まる。

　次に葬儀についてみておく。家族は二番裏座で息を引き取ることが多い。ここで死者は湯かんと死化粧を済ませ、二番座を経由して一番座の仏壇の前で入棺される。この時に通過する二番座と一番座のルートをグスノヒカティと呼び、日常はそこにある建具を開けることを忌む。一番座で葬儀を終えると、東側の縁を経て出棺する。ヒンプンが設置されている家では、その東側を通って道路に出て墓地に向かう[12]。

　このように日常生活では一番座以外の各部屋が使用され、それらの管理は女性に委ねられている。正式な客の対応や儀礼は一番座、人数が多いときは二番座を使用されて行なわれ、その際は男性が主として差配す

ることになる。

② 祭祀

　各部屋と屋敷内に祀られている神々についてみておきたい。一番座の床の間に床の神が祀られており、当地ではトラノハノカミと呼ばれている。東迎氏は、トラノハとは寅の方角という意味で、遠い祖先の神であり当家の長男を守護する神であると説明している。ちなみに当地域では長男を特に大事に育てる風習がある。また宮良保全によると床の神は家の守護神で、香炉を置いて毎日献茶をするという。床の間には個人の守

写真2　一番座の床の神と仏壇

写真3　三番裏座の火の神

護神であるカンディンも祀っている。個人の守護神が祀られるのは霊感が強い子が誕生したときで、神体は香炉である。これは本人が死亡したとき副葬する[13]。また仏壇が設置されているのも一番座である。仏壇は床の間に続いてその西側に設けられている。近年は沖縄や石垣島に倣って二番座に設置する家が増加しているという[14]。仏壇の位牌には男女別に名前が記されている。

　火の神は三番裏座の台所付近に祀られる。現在、当家ではガス台の窓際に香炉を置き祭祀の場所にしている。崎原氏によると1960年ごろまで小石3個を並べた火の神の神体が残存していた。毎朝、主婦が家族と「旅に出た」（他出している）子供たちのために健康を祈願する。火の神は女神で、住まいに祀る神々の中で最も重要な神と意識されている。

　母屋の東側にヒディリと呼ばれる屋敷の拝所がある。サンゴ石を神体とし、毎月1日と15日に掃き清めて拝礼する。また家の行事の際には必ず拝礼する。母屋の西側に便所が設けられ、ここには女神の便所神が祀られていた。ちなみに便所付近にはユーナ（オオハマボウ）が植えられており、その葉を用便後の処理に使用したという。

　一番座の床の神の祭祀は長男の守護を目的の一つとしており、男性の主人が担当していることを確認しておく。また一番座に設置されている仏壇には男系の祖先を祀っている。それに対して三番座の火の神と、便所の神の祭祀は主婦の担当であり、これらの神が女神であるのは司祭者の性を反映していると考えられる。

2-2　宮古島

　「台風銀座」と呼ばれる宮古島は、しばしば大型台風の来襲を受け大きな被害を出してきた。とくに1959年の宮古島台風（サラ台風）、1966年の第2宮古島台風では多くの住まいが被災した。サラ台風では茅葺屋根の住まいが多かったこともあり、甚大な被害をこうむる結果になった。

そこで当時の琉球政府はコンクリート造りの住まいに改築することを奨励して、資金を融資する政策をすすめたという。また第2宮古島台風の後は、スラブ建ての住まいが奨励された[15]。そのため木造の古民家はほとんど残存していないが、間取りは古体を残している。

宮古島の北部に位置する狩俣は、不規則な宅地割が残る古い村である。かつては石垣で囲まれたグスクで、8月に行われるユークイ（世祈願）には集落の東西に開かれているそれぞれの門を棒で塞いで、村の安全を祈願する[16]。現在も敷地を石垣で囲んだ住まいをみることができる。

島の北方の海上にある大神島を祭祀の始源とし、そこに住んでいた男女2神のうち男神が訪れて開いたのが狩俣であるという神話が伝承されている。ちなみに女神が開いたのが島尻である[17]。集落の北方には聖地「神の森」があり、4か所の御嶽がある。狩俣は二十数人のツカサ（神女）が活動する信仰心が篤い村であった。

事例2　狩俣ヒデ家

狩俣でウダグイヤーの屋号をもつ狩俣ヒデ氏（1929年生まれ）の住まいを調査する機会を得た。数年前までヒデ氏もツカサとして活動していた。当家は1956年に建築された寄棟の屋根をもつコンクリート造り

写真4　狩俣ヒデ家

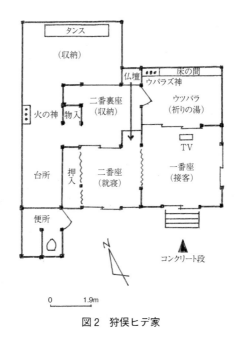

図2　狩俣ヒデ家

であるが、当地域の伝統的な間取り（図2）を残している。

① 間取りと暮らし

　玄関はなく、一番座の前に4段のコンクリート製の階段が築かれ、通常はここから出入りする。屋内への出入り口が1か所に集約され、玄関が成立する前段階を示している点で貴重である。ちなみに同じ宮古地方の来間島では、事例3のように同年代の建築で玄関が付設されている。

　一番座は接客の場であるが、床の間は見られない。現在はテレビや食卓が置かれた居間で、食事や団らんの場に使用されている。二番座は本来居間であるが、現在は寝室に充てられている。一番裏座はウツバラと呼ばれ、本来は寝室であるとともに貴重品や書類、衣類を入れた櫃を収納する部屋でもある。当家ではこの部屋に床の間が設けられ、後述する

ように私的な神祀りの場として重要な部屋になっている。そのため二番裏座の後方に台所に連続してコンクリート壁の比較的広い部屋が設けられ、タンスを置いて服物の収納をしている。二番裏座は台所につながる食事の場であったが、現在は物置として使用されている。穀物の種子や女性の着物を保管しておくのもこの部屋である。女性の着替えもこの部屋で行なう。壁面はコンクリート製で、窓はあるものの薄暗い空間である。なお当家には三番座はないが、南北に細長い台所がそれに相当する。

炊事棟と便所は、以前は母屋の西側にそれぞれ別棟で建てられていた。現在も一旦屋外に出てから便所を使用するようになっているのは、かつての名残であろう。

当家では接客の設備である床の間はないが、一番座は主として男性が管理した。

② 祭祀

祭祀設備についてみておきたい。南西諸島で一般的にみられた床の間が設けられておらず、床の神も祀られていない。仏壇は漆塗りの新しいもので、当地ではタナ（棚）と呼ばれている。最上段に位牌、2段目に香炉、3段目に供物が置かれる。現在は二番座に設置されているが、かつては二番裏座の北側の壁面に設置されていたという。ウラ側からオモテ側に移動したことになり、時間軸上の変容としてとらえることができる。野村孝文が報告した狩俣の事例では仏壇が二番裏座もしくは二番座に設置されており[18]、宮古島での変遷の時期は1950年代と考えていいだろう[19]。

台所には火の神が祀られ、香炉を置き、花や水、塩を供えている。火の神はウカマガナシと呼ばれ、生活改善運動が行なわれた1950年代までは3個の石が神体であった[20]。そしてその司祭者は主婦である。

さて本事例で注目したいのは、かつての寝室である一番裏座の奥の壁に、ヒデ氏が個人的に信仰している神が祀られていることである。ウパ

ラズの神名をもつこの神は、神の森に祀られている集落の守護神を勧請したもので、集落の東にあった遠見台付近に拝所がある。神の森の南側に当たるこの付近には、数か所の拝所が集中して分布しており、五穀の神であるシダディムトゥの拝所[21]の西方にウパラズの拝所がある。ヒデ氏は12年間ツカサをつとめたことがあり、その職を退くときウパラズの神が涙を流しながら労をいたわってくれたという。

　住まいの奥に祀られているこの神には日常的に家族の健康などを祈願するほか、子供を欲する女性のために受胎の祈願をすることもある。普段は香炉を置いて塩や水を供えているが、旧暦の1月18日には米や菓子を供えて時間をかけて祈る。日常生活の場がオモテ側に移り、仏壇もオモテ側に移動したにもかかわらず、依然として私的な神が住まいの奥に祭祀場所を占めていることに留意しておきたい。

　さて、かつて狩俣のＤ家の調査をした野村孝文は一番裏座に床の間が設けられていることを報告し、その意味が不明である旨を記している[22]。収録されている図を見ると、1間に満たない比較的規模の小さな床の間が裏座の背後に設置されている。客間の仕様をしていない裏座に設けた床の間は、接客の装置であるとは考えられず祭祀設備以外の用途を考えることは困難であろう。野村が見た一番裏座の床の間は、狩俣ヒデ家と重ねて考えると守護神を祀る設備であったといえる。宮古島下地では個人の守護神を裏座で祀る習慣が報告されている[23]ように、一番裏座が守護神を祀る場であり、そのための設備が裏座の床の間であった。狩俣家は今なおその祭祀設備を残している点で貴重である。

2-3　来間島

　来間島は宮古島の南西1.5kmに位置する面積約2km^{2}の島であるが、1995年に宮古島と結ぶ来間大橋が建設された。しかし近年は過疎化が進み、人口も約200人に減少した。

南西諸島の住まいを貫く女性原理

事例3 奥平キク家

奥平家は、1956年に建築されたコンクリート造りの住まいである。当初、屋根は茅葺であったが、その後3年間セメント瓦に、さらに台風で壊れスラブ葺きに換えた。間取り（図3）や規模は以前の住まいとほとんど変わっていないという。キク氏（1921年生まれ）と洲鎌キヨ氏

写真5　奥平キク家

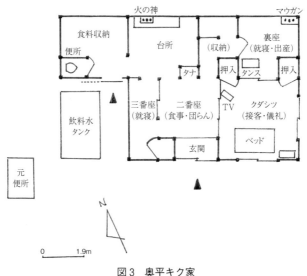

図3　奥平キク家

（1923年生まれ）から当地での住まいと暮らしに関する情報を得ることができた。

① 間取りと暮らし

　二番座の庭側に1畳分の狭い土間があり、玄関になっている。クダシツと呼ばれる一番座は地域の集会や年中行事、通過儀礼の場として使用する。現在はベッドとテレビを置いて寝室に使用している。床の間は見られない。二番座は家族の食事や団らんの場で、裏座側にタナ（仏壇）が設けられている。二番座の一部を区切る形で三番座がつくられており、この部屋は寝室に充てられることが多いという。裏座は若夫婦の寝室で、出産の場にも使用された。二番座の裏に位置するスイジバは台所で、裏側の壁に沿って棚が設けられ、火の神が祀られている。火の神の神体は香炉で、花立2本と塩と水が入った皿がそれぞれ並べられている。さらにその西側に食料の収納庫が続く。便所は母屋の南西側約30mのところにあったが、現在は母屋に取り込まれている。風呂はなく、男性は行水、女性は湯を沸かして体を拭く程度であった。母屋の西側に接してコンクリート製の大型の飲料水タンクが設置されている。そこの壁には当家の建築年である1956年の紀年銘が彫り込まれている。

　ふだんから一番座と二番座の間の建具はあけておく。正月の祝いは一番座と二番座を使用する。盆行事は二番座のタナを中心に展開する。旧暦の7月7日に門の神にオトゥーシをする。オトゥーシとは神と交流して願い事をすることである。これが先祖迎えと理解されている。この日から食事を3食供える。7月15日の夜には、夕食とは別にラーメンを供える。ラーメンは本土の送り団子に相当すると思われる。そのあと墓地につながる道の途中まで先祖を送っていく。

　キク氏は島内で生まれ、当家に嫁いできた。嫁入りは玄関から二番座に入り、まず仏壇に拝礼する。そのあと男性たちは一番座と二番座で祝いの宴を行なう。女性たちは裏座に集まり祝う。この習俗は前出の与那

国島と同様である。一方、家族の死は裏座で看取られる。死者はすぐ清められて、本人が希望していた着物を着せて納棺する。棺は二番座で仏壇に足を向けた状態で安置し、出棺を待つ。葬儀が済むと玄関を経て庭に出棺し、墓地に向かう。その際、死者が生前使用していた食器も墓地に持っていく。

　その他の通過儀礼も一番座と二番座を使用して行なわれる。たとえば誕生後10日目に名前を付けるが、その際に先祖や神々に関わるいろいろな名前を紙に書いて丸める。それらを盆に入れて振り、3回落ちたものを名前にする。命名札は仏壇から少し離して一番座に貼る。一番座と二番座に親戚の人たちが集まり、命名を祝う。還暦などの祝いは男女別々の日に集まってもらい、やはり一番座と二番座で行なう。当地の住まいも床の間はなく正式な接客の場として強調されているわけではないが、一番座が儀礼と正式な客の対応に使用される。そこで差配するのは男性の主人である。

② 祭祀

　当地では住まいに祀る神のうち、重要なものは①火の神、②個人の守護神、③先祖神と考えられている。神格が高いのは火の神で、願い事をするときはまず火の神にする。火の神は「郵便の神」で、人の願い事をいろいろな神に伝えてくれる役目をもつという。作法は香炉に線香を立てるだけである。供物もまず火の神に供えるが、その役割は女性に限られる。主婦が亡くなっても神体の石を換えることはなかった[24]。

　当地では火の神が女神であると考えられている。そして神々と対話ができる神女には、火の神が髷を結った姿で現れると伝承されている。1984年に行なわれた宮古島の調査でも火の神を女神とする報告がされている[25]。

　また来間島の女性のほぼ全員が、マウガンと呼ばれる個人の守護神をもっている。マウガンを祀る設備はマウダナと呼ばれ、小型の香炉と湯

のみがのせられている。設置される場所は裏座の東北の隅がよいとされる[26]。マウガンには毎日茶や水を供える。宮古島や来間島では裏座が守護神を祀る場であり、そのための設備が裏座の床の間であった。仏壇の設置場所がウラ側からオモテ側に移る中で、女性の守護神はウラ側にとどまる傾向にある。ちなみに一番座に床の間の設備はないので床の神も祀られていない。マウガンは現世でその人を一生守護する神で、司祭者が死亡すると香炉などの祭具と一緒に副葬する[27]。マウガンの名前は籤占いによって決定され、祭祀に当たってはユタなどが指示した[28]。さらにマウガンは祖先の霊力であるともいい、仏壇をマウダナと呼んでいる地域もある[29]。

先祖神は夫婦1組を一つの位牌にまとめ、仏壇で祀る。

そのほか便所神の信仰もみられる。とくに子供の元気がないときは、神女から便所神に願うように指示された。抜けた魂を便所で受け取ると信じられている。このように来間島の祭祀はほとんど女性の手に委ねられている。

2-4　沖縄本島

沖縄本島の東北部に位置する国頭村安波は第二次世界大戦の戦火を免れたこともあり、筆者が1983年に訪れた際には比較的古い形態の住まいが残存していた。事例として紹介する住まいが建てられた当時、集落に住む40歳までの全員が参加して山から材料のイジュを伐り出し共同で住まいを建てる慣例が残っていたので、結果的に統一された規格の伝統的な住まいが建築されたのである[30]。

事例4　新里ゴゼイ家

当家の建築年は不明であるが、当時他地域ではすでに消滅していた茅葺の住まいで、縁をもたない古い形態を残していた。ヒンプンはブロッ

南西諸島の住まいを貫く女性原理

写真6　新里ゴゼイ家

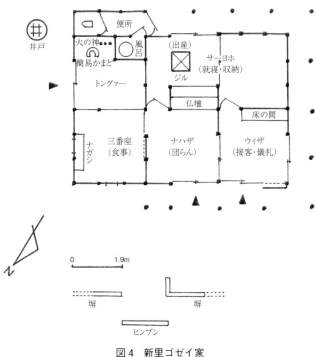

図4　新里ゴゼイ家

ク製で、門の外側に設置されている。

137

① 間取りと暮らし

　一番座はウイザと呼ばれ、床の間を設置した唯一の畳敷きの部屋である。この部屋は通常は主人夫婦の寝室に充てられている。また正式な客の対応のほか、正月の祝いの席も設けられる儀礼の場にもなる。二番座はナハザと呼ばれ、通常は家族がだんらんの時間を過ごす居間に充てられる。一番座と合わせて村人の会合の場にもなる。三番座は食事の場であり、名称が伝承されていないことから比較的新しい部屋であろう。流しが設置されて調理場として使用されている。一番裏座と二番裏座はサーヨホと呼ばれ、家族の寝室や家財道具の収納の場に充てられる。とく

写真7　二番裏座のジル（1983年）

写真8　カマドと「三つ石」の火の神（1983年）

に二番裏座にはすでに消滅したといわれていたジル（いろり）が切られている。70cm四方の浅い掘りで、火棚や自在鉤が取り付けられていた。新里ゴゼイ氏（1903年生まれ）によると、冬季の1か月間には火を焚くが、出産の際にも必ず焚いたという。三番裏座はトングァーと呼ばれる土間で、簡易カマドが設置されている。

葬儀は仏壇のある二番座で行なわれる。仏壇の前に棺を安置して、出棺の際は足の方から庭に出し、龕に納める。

床の間がある一番座が接客の場であり、基本的には男性の主人の管理下にある。二番座の管理者は曖昧であるが、三番裏とウラ側の各部屋は主婦の管理下にある。

② 祭祀

床の間にはとくに神を祀ることはない。毎月1日と15日にナハザの庭側の敷居の上に香炉を置いて家の安泰と家族の健康を祈願するという。これは主婦の担当である。

三番裏座に設置されている簡易カマドの横に細長い石を3個立て、火の神の神体としていた。その前には香炉が置かれ、毎日拝するという。すでに消滅したといわれていた古い火の神の神体がまだ信仰の対象になっていた。火の神の祭祀はもっぱら主婦が担当する。

3　男女の領分

3-1　部屋の機能からみた男女の領分

前節でみたように南西諸島の一般的な住まいは、母屋のオモテ側の一番座は接客と儀礼、二番座は親しい人との接客、三番座は家族の食事とだんらん、ウラ側の一番裏座は就寝と家財道具の収納、二番裏座は就寝

と出産、三番裏座は調理と食物の保管という機能をもつ部屋で構成されている。部屋の管理はその部屋の機能と関わる性別を反映しており、住まいを構成する部屋のうち、男性が管理する部屋はほぼ一番座に限られているといってもいいだろう。

　年中行事や正式な客の対応は男性が担当する。宮古島の平良市では一番座に客を迎えたとき、女性や子供が立ち入ることはなかったという[31]。

　日常生活そのものに関する事項や出産は女性の担当で、そのための部屋がウラ側を中心に配置されている。とくに穀物の種子を保管する場に与那国島では二番裏座、小浜島では三番裏座が充てられており、それらの部屋が主婦の管理下にあることから、家と家族の生命を支える役割が主婦すなわち女性にあったとみることができよう。

　与那国島の一番裏座のミンガイドゥは若者の部屋と意識されており、構造上は壁で囲まれた閉鎖的な空間であるが、他家の若者も縁を通って直接出入りできるという点で外に開かれた異質な空間といえる。聞き書きでは、この部屋は世間から隠しておきたいコトやモノの収納に使用するという意識が強いと明言された。未婚の男女交際はこの部屋で行なわれ、結婚につながるという。寝室が異界につながる空間でそこから活力を得る構造になっているとした村武の指摘[32]が想起される。いずれにしても日常的に使用する部屋は女性の管理下にあるといえよう。

3-2　祭祀からみた男女の領分

　各部屋に祀られている神々については、独居の場合を除いてその部屋の管理者が事実上の司祭者になっている[33]。たとえば小浜島では一番座の床の神は男性、二番座の仏壇は男性と女性、三番裏座の火の神は女性と担当者が明確に区別されている。与那国島でも床の神だけは男性が供物も含め祭祀を担当している。

南西諸島の住まいを貫く女性原理

写真9　久高島の外間殿

写真10　外間殿の火の神

　また神々は、それぞれが祀られている部屋の機能を支える役割をもっている。

　男性が司祭者になる床の神の概念は曖昧で、観念的に家の神であるという程度である。沖縄や石垣島、小浜島では家族の健康を守る神、農業神である。与那国島では遠い祖先ともいう。なお与那国島ではトラノハノカミという神名が伝承されているが、祭祀場所の方位がもとになっているに過ぎない。宮古地方では床の間があまり普及していないようで、正月に床の間に軸を掛け酒と塩を供えるという報告があるが[34]、床の神の具体的な祭祀は確認できなかった。いずれにしても南西諸島の床の間

の歴史は浅く、一段高い形状が祭場になったと考えられる。ただし床の神につながる神々の系譜については、別稿で考察したように[35]複雑な様相をもっている可能性がある。

　男女の両方が司祭者になる仏壇は、比較的近い祖先を祀る設備である。現在みられる仏壇は最下段が床から1m程度の高さをもつ3段の設備で、沖縄以南ではほぼ共通の形態をとる。また香炉や供物の配置も画一的でその歴史も新しいといわざるを得ない。タナの呼称が残っていることから、本来は天井から吊り下げた形状で、宮古島の事例から住まいの裏側にあったと考えられる。その場所から判断して、かつて祭祀を担当したのは女性であろう。仏壇が表側の二番座に設置され視覚的に重要な存在になって男性が関与するようになったと思われる。

　それに対して女性が担当する火の神の祭祀が古いことは明らかである。火の神については後述するように窪徳忠や仲松弥秀、安達義弘、古家信平などの研究成果が蓄積されている。ここではフィールドワークの成果から、火の神が女神と観念されていることと祭祀の場所が三番裏座であることを指摘しておいて、詳細は次節で検証する。

　また便所の神の存在も重要である。奄美地方では屋敷の出入り口付近に設けられ、臭気で悪霊を防ぐ強力な神である[36]。八重山地方では母屋の西方に設けられるのが一般的で、与那国島では根源的な力をもつ女神として意識されている。とくに来間島では、元気をなくした子供の魂を便所で受けて活力を取り戻す役割が期待されている。便所は他界につながる場で、これは産神の役割を果たす本土の便所神とも共通する。

　そのほか宮古地方では個人の守護神をマウガンと呼んで、その祭祀設備であるマウダナを一番裏座に設置する習俗がある。とくに女性の多くがこの神を信仰しており、祭祀場所もまた女性の管理空間である。宮古島の狩俣家の場合、集落の神を個人の守護神として祀っているが、やはり裏側の空間である。他家の女性のために祈願しているのは、ヒデさんがツカサの役に就いていたことによるのであろう。

4 住まいのオクに祀られる強力な女神

4-1 火の神

　住まいに祀る神で最も重要なのは火の神であり、その司祭者が女性であることは南西諸島で共通している。安達義弘は沖縄文化の基層に位置づけられる火の神を「民俗火神」、近世に政治機構の一装置として機能した火の神を「政治火神」と呼んで、前者が琉球王朝の中央集権体制に組み込まれる過程を考察している[37]。論考の中で先行研究をまとめながら住まいに祀られている火の神すなわち「民俗火神」について、①「家」の神、②ご利益が守護的性格、③媒介的機能の3点の特徴をあげている。

　①は守護する対象の範囲を示したもので、後出の集落の守護神すなわち「政治火神」と区別する。仲松弥秀は沖縄本島の北部や離島を中心に、家に死者が出た際に火の神を更新する習俗があることを報告している[38]。事例は少ないが、これを火の神本来の性格と主張している。また古家は「年長の夫人」の死亡時のみの習俗と考えている[39]。筆者の調査では火の神の更新に関する情報は得られなかったが、このような習俗は火の神が家の神として信仰され、その司祭者が女性であることと関連する。小浜島では分家の際に、火の神の香炉に入れてある砂の一部をもっていく習俗があることを聞いた。この砂は元旦の早朝に浜から採ってきた神聖な砂である。香炉の灰を分けて分家する報告[40]はあるが、砂は初めてであった。出産後に火の神に報告する事例もあり[41]、これらの習俗も火の神が家の神であることを示している。

　②の守護的性格はすべての事例で確認でき、まず家族の健康を祈願するということであった。なお与那国島の床の神がもつ長男の守護をする役割も、本来は火の神が負っていたのではなかろうか。女性の担当する火の神に対して新しく男性が担当する床の神の祭祀が始まり、長男の守

護が強調されたと考えられる。

　③の媒介的な機能について、来間島では「郵便屋」と表現する古老もいた。火の神が重要な理由を尋ねたとき、火の神がすべての願い事を聞いてくれること、それを叶えることができる神々に伝える媒介役をしてくれることがあげられた。これは火の神が生活全般に関する具体的な願い事に対応できる理由である。なお盆に祖先の霊を迎える際に主婦が門の神とオトゥーシと呼ばれる交流をするが、ここには主婦自身が媒介的機能をもつ点で火の神と重なる様子をみることができる。いずれにしても女神である火の神と女性である主婦が深く関わっていることをうかがうことができる。媒介的機能については小浜島でも確認することができた。安達は火の神の媒介的機能が沖縄地域では強いが奄美地域や先島地域では弱いと指摘しているが[42]、宮古や八重山地方でも強く意識されているようである[43]。

4-2　集落レベルの火の神信仰と女性司祭者

　安達が「政治火神」と呼ぶ事例についても触れておきたい。久高島の外間殿の見学を許された際に、裏の部屋を見学させてもらった。そこには大型の平鍋がかかった石３個が据えてあり、火の神であるという。案内役の地元の古老から、すべての神事を始める前に、まずこの火の神を拝するという情報を得た。外間殿はかつて首里王府から任命された外間ノロが所管してきた集落の中心的な祭祀施設である。

　外間殿の近くに久高島の旧家である大里家が残存している。母屋に隣接して祭祀のための建物が残されており、そこにも祭壇とは別に床面に３個の石を組んだ原初的な竈が設置されている。形態から火の神を祀っていることは明らかである。ちょうど宮古島から神女のＨ氏が訪れていて、依頼者のために祈願の儀礼を行なっていた。南西諸島ではノロの継承者が減り、彼女たちが所管していた祭祀施設が空き家になっている

が、久高島では火の神の祭祀を今なおみることができる。

このように集落レベルの祭祀施設においても「三つ石」に象徴される火の神が祀られており、その祭祀には女性が深く関わっているといえる。このような宗教者による火の神祭祀について、仲松は首里王府がノロを任命した時代の発生と主張し[44]、血族レベルと村レベルの火の神祭祀がそれ以前から存在したとする説に批判的である。しかし家レベルの火の神祭祀は古く、村レベルの祭祀についても女性による家レベルの祭祀が基層にあり、その起源を首里王府の関与以前に求めてもいいのではなかろうか。

4-3 オクに控える女神

別稿で小浜島の事例を中心に、通過儀礼の際の動線をクチ－オクの秩序から分析した。婚礼の際に実家を出る嫁はまず火の神を拝して家の構成員から離れる報告をする。そしてオクからクチへ進んで実家を出て、婚家ではクチからオクに向って進み、三番裏座に祀られている婚家の火の神を拝することで家族として承認される場が演出される。家の神として大きな力を発揮すると信じられている火の神が、住まいのオクにひかえている構図が浮き彫りにできる。換言すれば強力な神を背後に家の安定を図る構図でもあり、これは沖縄地方の村づくりの基本にあるといわれる「腰当思想」[45]とも重なる。

火の神が女神である点についても触れる。これは調理を担当する女性が司祭者である点に求めることができよう。また村武は女性が生と死、吉と凶、豊穣と危機など対極的な二つの世界をつかさどる儀礼的役割と霊能をもつと指摘する[46]。調理の場であり穀物の種子を保管する三番裏座、出産の場になる二番裏座、就寝と合わせて生殖の場でもある一番裏座という住まいのオクが、村武の指摘する、女性が儀礼を実修し霊能を発揮する空間に相当する。与那国島の便所神が女神であるとする信仰も

同様に理解できる。

むすび——ウラ・オクに女神を配する観念の分布

　南西諸島の住まいにおいてクチ—オクの秩序の線上に配置されている部屋は、オクに向かって女性に関わる要素が増加していく。それらの部屋の祀られている神々もその部屋の機能と密接に関わり、最も奥に祀られているのが火の神である。与那国島ではさらに便所神が続く。

写真11　対馬のホタケサン

写真12　オカマサマ（栃木県宇都宮市　津山正幹氏提供）

主婦が住まいの大部分の部屋を管理し、生活に直接関わる火の神や便所神の司祭者が主婦であること、さらに火の神や便所神が女神である点に着目すると、住まいは女性原理で貫かれているといわざるを得ない[47]。これは女性の霊的能力に関わると考えていいだろう。ちなみにアイヌの社会でも同様の観念が存在することが報告されている。アイヌの住まいでは囲炉裏の端にイナウが立てられ、それを火の神として信仰しているが、火の神は最も身近な神で、その性別は女性である。そして火の神は媒介的な機能ももっているという[48]。さらにアイヌの住まいは女性の性をもつと考えられている[49]。

　日本列島では対馬のホタケサン[50]、中国地方の納戸神[51]、関東から東北地方にかけて濃厚に分布するオカマサマも女神と意識されており[52]、それらの祭祀場所をクチ―オクの秩序の線上で解釈すると、さらに理解を深めることができるのではなかろうか。

　本稿の作成に当たっては、沖縄県与那国町教育委員会の村松稔氏に調査先との調整や図面の提供など多くの御協力をいただいた。心よりお礼を申し上げる。

注
1) 三井田忠明「住空間における意識―柏崎市鵜川と和島村高畑の民家（母屋）調査による検討―」『柏崎市立博物館 館報』第6号　1991年
2) 森隆男「南西諸島に住まいにみるクチ―オクの秩序」『民俗建築』第150号　日本民俗建築学会　2016年
3) 宮田登『女の霊力と家の神―日本の民俗宗教』170頁　人文書院　1983年
4) 石塚尊俊「納戸神をめぐる問題」『日本民俗学』第2巻第2号　1954年
5) 前掲3) 171頁
6) 坪井洋文「住居の原感覚」『日本民俗文化大系　第10巻　家と女性＝暮らしの文化史』211頁　小学館　1985年
7) 茨城県真壁郡上野村向上野（現明野町）の事例でも、オカマサマが女神であり安産の神として信仰されていると紹介している。(前掲6) 214頁
8) 前掲6) 215頁

9）高取正男「土間の作法」「ワタクシの論理」『民俗のこころ』49-133 頁　朝日新聞社　1972 年
10）馬淵東一「琉球世界観の再構成を目指して」『馬淵東一著作集』第 3 巻　社会思想社　1974 年
11）村武精一「家のなかの女性原理」『日本民俗文化大系　第 10 巻　家と女性＝暮らしの文化史』356-360 頁　小学館　1985 年
12）ヒブン（ヒンプン）を設置している家は旧家に限られていた。客は上手、家族は下手から出入りするという。(宮良保全『与那国島の民俗と暮らし―住居・墓・水』26 頁　与那国町教育委員会　2000 年)
13）前掲 12）72 頁
14）前掲 12）74 頁
15）「宮古平良市島尻、西原村棚原報告」『沖縄民俗』第 22 号　琉球大学民俗研究クラブ　1976 年（1988 年第一書房復刻）
16）狩俣吉正『狩俣民俗誌』310 頁　メディア・エクスプレス　2011 年
17）前掲 11）336 頁
18）野村孝文『増補南西諸島の民家』33 頁、36 頁　相模書房　1976 年
19）永瀬克己は沖縄本島の小湾集落の復元作業を行なう過程で、間取りの聞き書きを行い、合わせて仏壇の位置が第二次世界大戦後にカミからシモへ、ウラからオモテへ変遷していく過程を示している。（永瀬克己・武者英二「民家・集落の復元に関する研究　聞き取り法によるケース・スタディ沖縄・小湾の民家形態―中心としての仏壇」『民俗建築』第 115 号　日本民俗建築学会　1999 年)。
20）「狩俣部落調査報告」『沖縄民俗』第 12 号　琉球大学民俗研究クラブ　1966 年　（1988 年第一書房復刻）
21）前掲 20）
22）前掲 18）37 頁
23）宮古島下地でも個人の守護神を裏座で祀る習慣が報告されている。(高橋泉『沖縄宮古島下地民俗誌』145 頁　まほろば書房　2011 年)
24）沖永良部島ではその家の主婦が亡くなると新しい竈を設置するが、その際、新しい竈の石を据えるのは次に主婦になる女性の役割であった。（前掲 9）161 頁
25）羽地栄『西里の民俗』第 1 巻　162 頁　2002 年
26）『平良市史』第 7 巻　民俗・歌謡　261 頁　1987 年
27）前掲 26）334 頁
28）前掲 26）333 頁
29）前掲 26）343 頁
30）森隆男『住居空間の祭祀と儀礼』140-149 頁　岩田書院　1996 年
31）前掲 26）260 頁
32）南西諸島の調査を重ねた村武精一は、寝室に女性原理の存在を認め、そこが他界からの活力を得る場になっていると指摘している。（前掲 11）356 頁。
33）近年は女性の独居家庭が増加し、床の神の祭祀も女性が担当するようになった。

34）前掲26）261頁
35）森隆男「南西諸島の床の間―祭祀儀礼からのアプローチ―」『民俗建築』第130号　2006年（のち森隆男『住まいの文化論―構造と変容をさぐる―』柊風舎　2012年に収録）
36）森隆男「徳之島の住まい―琉球文化とヤマト文化の間で―」『民俗建築』第146号　2014年
37）安達義弘「琉球王府の中央集権体制と火神信仰」窪徳忠先生沖縄調査二十年記念論文集刊行委員会『沖縄の宗教と民俗』　66-67頁　第一書房　1988年
38）仲松弥秀『神と村』97-99頁　伝統と現代社　1975年
39）古家信平『火と水の民俗文化誌』110-111頁　吉川弘文館　1994年
40）前掲39）109頁
41）前掲39）106頁
42）前掲37）67頁
43）古家信平も火の神が家の守護神的な性格をもち、媒介的機能をもっていると指摘している。さらに火の神の分布が先島諸島から奄美地方まで広がり、それが薩摩藩の琉球支配以前の琉球王府の支配圏と一致することから、琉球文化の普遍的要素の一つと指摘している。（前掲39）76頁
44）前掲38）101頁
45）松井幸一は琉球の集落形成が中国から入ってきた風水思想の影響を受けたとしつつ、元来存在した「腰当思想」の影響も強く受けていると指摘している。（松井幸一「琉球における集落の形成思想と伝統的集落景観―名護市仲尾次集落と稲嶺集落の事例を中心に―」森隆男編『住まいと集落が語る風土―日本・琉球・朝鮮―』106頁　関西大学出版部　2014年）。
46）前掲11）340頁
47）宮古地方や八重山地方では、歌謡伝承の分析から船の性を女性ととらえているという。（島村幸一「オキナワにおける兄妹の紐帯―琉球弧のヲナリ神」赤坂憲雄他編『女の領域・男の領域　いくつもの日本Ⅳ』184-185頁　岩波書店　2003年）。海上で男性を守る器と理解されているからであろう。
48）藤村久和『アイヌ　神々と生きる人々』18頁　福武書店　1985年
49）前掲48）17頁
50）森隆男「対馬の住まい」『住まいと集落が語る風土―日本・琉球・朝鮮―』10-12頁　関西大学出版部　2014年
51）岡山県美作市後山地区では、オクナンドの最奥部に女神である歳神を祀る。祭祀の担当は男性の主人であるが、本来は主婦であったと考えられる。（森隆男他「納戸神を祀る村」『昔風と當世風』第97号　2013年）。
52）オカマサマは36人の子供をもつ神で、家族の守護神としての信仰もみられる。火処の神であるが、竈の管理者である主婦の影響がうかがえるという。（津山旬子「オカマサマ―埼玉県比企郡都幾川村の事例報告―」『日本民俗学』第117号　日本民俗学会　1978年）

琉球における
湧水分布と祭祀空間

松 井 幸 一

はじめに

　近年、パワースポットを巡る旅が流行している。パワースポットとはある特定の「空間」の事で、そこを訪れると運気が上昇するとされる。身近な例ではパワースポット巡りに関する多くの書籍が出版されたり、旅行会社のツアーが組まれたりする。また自治体や観光協会のHPではパワースポットを紹介して旅行者の来訪に繋げる活動に利用するなどしている。本来、パワースポットの選定基準は個人的な主観に基づくが、代表的といわれる全国のパワースポットを概観するとその多くは寺社である。一方、他県と異なるパワースポットが多いのが沖縄県で離島や湧水、樹木がパワースポットとして扱われている。その要因は沖縄県がかつて琉球と呼ばれた別の国であり、他の県とは歴史・民俗が大きく異なるためであろう。そのためパワースポットとしての「空間」の在り方も他県とは大きく異なる。
　沖縄のパワースポットは小さな自然である湧水や樹木、大きな自然としての離島などが挙げられるが、個々のパワースポットの性格を細かにみていくとその多くが祭祀空間すなわち聖地である事に気がつく。もちろん一言で聖地といってもその重要度は聖地ごとに異なっており、例えば斎場御嶽は琉球国の国家祭祀をおこなう空間であるし、各地の御嶽は村祭祀をおこなう空間である。ここで興味深いのは村の中の小さな湧水

までもがパワースポットとして複数取り上げられている事である。全国的にも川や池などで水神や竜神などの水に関する祭祀をおこなう事例はあるが、琉球では大きな河川が少ないため井戸や樋川などの存在が生活上の水の確保としてより重要であった。そのためかつての生活用水としての湧水が今も祭祀空間として各村に点在し、パワースポットとして紹介されているのである。

　このような湧水空間のうち大規模なものは観光地として整備される一方で、小さな湧水空間は埋め立てや整地によって失われる例もある。しかしかつては集落の中にある小さな湧水空間こそ生活に密着するとともに、身近な祭祀空間として機能してきたはずである。既往の湧水空間の調査に関しては那覇市内を例に挙げれば、行政の湧水量や成分を調査したものがあるが、それが祭祀空間として機能していたかは記載していない。また祭祀空間の分布に関しては大正前期を想定した民俗地図などが複数あるが、現在どのように変化しているかは把握できない。

　そこで本論では那覇市内を事例として湧水の分布と祭祀空間としての利用を調査することによって、かつての生活空間を復原しつつ、琉球における湧水祭祀空間の分布を予察的に検証していきたい。なお沖縄の聖地や祭祀を考える際に注意すべき点として民間巫者であるユタの存在が挙げられる。本論では特定のユタのみが祭祀空間として扱う湧水は取り上げない。

1　琉球の祭祀空間

　本稿で取り上げる湧水はその多くが祭祀空間となっており、琉球では祭祀をおこなう空間は「拝所」と呼ばれる。拝所とは字のごとく拝む所であって、拝所ではその場で祭祀対象を拝む場合もあるし、遠くの拝所を遙拝する形を取る事もある。そこで初めに琉球ではどのような場所が

祭祀空間となっているのかを確認していきたい。全国的にみて聖地に多いのは神道の神社や仏教の寺院である。琉球にも仏教や神道が一部入ってきたが、琉球にはもともと一般的な神道とは異なる琉球神道が普及していた。琉球神道は多神教の宗教で東方浄土であるニライ・カナイ信仰や御嶽と呼ばれる聖地を重要視するなど、他の宗教とは異なった特徴的な点が多々ある。この土着ともいえる信仰が今も残っている点が、他府県に比べて聖地の性格が異なる大きな要因となっている。

　琉球神道は原初宗教的な特徴として祭政一致であった点が特徴として挙げられる。まずは琉球の祭政一致がどのような形であったのかを確認していきたい。村落の祭祀を司る住民は、ノロと呼ばれる神職である。ノロは特定の家系の女性が継承し、現在でも祭祀の際には中心人物として祭祀を取り仕切る。そもそもノロの出現は琉球の古代社会と深く結びつく。琉球のマキ・マキヨあるいはマキョと呼ばれた古代集落は一般に「同一血縁団体と、その村落名[1]」または「同一御嶽の祭祀集団[2]」として理解されている。このマキヨ時代に有力者たちが近隣の集落を支配下に置き、各地で複数の勢力が台頭し始める[3]。その背景には一部の按司の経済的・軍事的勢力の強大化とともに、宗教的勢力の強力化がある。琉球では血縁的集団の中核である宗家は集落の草分けの家で、その家は根屋・元屋・大家・根人屋・根神屋などと呼ばれる。草分け家の兄弟（エケリ）がマキヨの政治的支配者となったのが根人であり、エケリの姉妹（オナリ）が宗教的支配者となったのが根神と呼ばれる人物であった。根人・根神の出現にはマキヨの政治的社会化があり、このような政治と宗教を司る人物を同一の宗家から輩出する支配体制が祭政一致社会の原型である。複数の集落を支配した根人が按司となり、按司社会では宗教的活動の主体であった根神はノロ（祝女）と呼ばれるようになった。そしてノロは按司の支配地一帯の最高神女の地位を占め、領内の神女を率いて按司と並ぶ祭政一致体制の中心的存在となっていった。ノロの宗教的性格は名称こそ違うが根神と同様で職能にも著しい違いはない。し

かし、マキヨ社会よりも一層政治的社会化の進んだ按司社会において、宗教的勢力の保持者であるために根神よりも政治的色彩は濃厚になっている[4]。根神または初期のノロは按司とともに地方社会を支配する祭政一致社会の宗教的な一側面であったが、1429年に尚巴志によって統一的な琉球王国が建国されると中央集権的な神女組織の組織化が顕著となった。神女組織の中央集権化は宗教の政治に対する従属化を目的としたものであった[5]。その後、神女組織が確立したのは第二尚氏王統の尚真王（1477～1526）時代である。ここに至って、地方集落の祭祀において主体的な役割を担ったノロは琉球王国の地方神女組織に組み込まれ、公儀ノロとしての地位を確立した[6]。なお、ノロは地方神女組織に属し複数の集落祭祀を司祭していたが、根神もまた集落祭祀のみでなく国家単位の祭祀の際にも引き続き重要な役割を担い、根人も祭祀の補佐役を果たしていたことが宮城によって指摘されている。

以上のように琉球の祭政一致社会において祭祀は王府から地方集落まで強い影響を与えていた。そのため祭祀をおこなう空間も例えば世界遺産ともなっている王府レベルの祭祀場の斎場御嶽（図1）から集落単位、個人単位の空間まで多種多様である。琉球の祭祀は政治と一体化しているため祭祀者も多様で、王府レベ

図1　斎場御嶽

図2　今帰仁村のハサギ

ルの拝所では国王の女系親族がつとめる最高位の神女である聞得大君、集落レベルでは各集落のノロや個人などが祭祀をおこなう。現在、集落単位の祭祀は主としてノロがいる場合はノロと地区役員がおこなうことが多いが、ノロや役員の高齢化が進み、祭祀自体は簡略化している事例も多々ある。特に山中など険しい場所にある拝所での祭祀は困難で、苦労が絶えないという。

次に琉球にどのような種類の祭祀空間があるのかを確認していきたい。最も重要なものは斎場御嶽のような御嶽と呼ばれる空間である。御嶽は基本的に1集落に1つ存在し、村建ての神や祖霊神などが祀られるほかに、ニライ・カナイの神などに由来するもの等がある。御嶽の多くには現在も香炉などが置かれ、祭祀が続けられている。また御嶽と似たような空間として沖縄本島北部にみられる神アサギやハサギと呼ばれる空間がある。ハサギとは軒の低い建物が建てられた空間であり、かつては茅葺きであったが現在はほぼコンクリート造りになっている（図2）。その他にも一部の御殿と呼ばれる空間や按司・ノロが祀る火の神、集落の共同井戸などが公共的な祭祀空間として機能している。もちろん個人祭祀では個人井戸やその家ごとの火の神などでも祭祀はおこなわれる。

本論では祭祀空間のうち特に湧水に関するものを対象とする。湧水といえば一般的には川や井戸が最も身近である。沖縄本島の特に中央部には大きな川が少ない事もあって、多くの集落には共同井戸が存在していた。井戸は現地でカーと呼ばれ、現在も石蓋や金網で封鎖はするが埋めることはせずによく残っている事が多い。琉球の湧水には一般的な掘り井戸の他にも樋川と呼ばれる自然の湧水に樋をかけて水を導いた井戸が多々ある（図3）。

図3　寒水川樋川

特に大規模な樋川は祭祀空間であると同時に観光名所としても整備されており、実際に祭祀をおこなっているのをよく見かけることができる。

2 　那覇市の湧水分布と勇水拝所の傾向

2-1 　湧水の分布

　共同井戸、個人井戸を含めて那覇市内にいくつの湧水があるのかを正確に知ることは非常に難しい。しかし那覇市ではムラガー（共同の井泉）に関しては、水環境保全の一環として分布や状況、水質、湧水量などの調査をおこなっている。これらをまとめたのが『那覇市湧水調査報告書』であり、その中では那覇市内の142の湧水について調査をおこなっている。しかし『那覇市湧水調査報告書』が刊行されたのが1994年と20年以上前の事であり、当時は存在していたが現在は埋め立てなどによって消失しているものや、そもそも報告書の中でも位置不明と確認されていないものも存在する。本論では基本的にこの『那覇市湧水調査報告書』記載の湧水を調査対象として再度、消失などを確認するために住宅地図を照合しながら踏査をおこなった。

　『那覇市湧水調査報告書』をもとに那覇市内の湧水として筆者が調査対象としたのは、自衛隊基地内にある1つを除く全141の湧水である。そのうち位置が特定できないものと個人宅で確認できないものが28カ所あり、実際に確認できたのは113カ所であった。それらの分布を示したのが図4である。そもそも那覇市域は王府があり按司などが居住した首里地域と一般の住民が居住した那覇地域に区分できる。図をみる限りは首里・那覇の両地域ともに湧水は分布するが、全く存在しない地区も両地域に確認できる。これをさらに詳細にみていけば、地図上では那覇市の北部地域で道路線も描かれていないA地域は新都心地区である。

琉球における湧水分布と祭祀空間

　この地域はもともと字名でいえば銘苅と呼ばれる地域で小さな集落が存在していた。しかし戦後は米軍に接収され住宅地となり、1987年に全面返還された地域である。返還後に総合公園や商業地、学校、住宅などが開発され、現在は新都心として機能している。かつてはこの地域にも湧水が存在していたようだが、『那覇市湧水調査報告書』では調査せずとなっており、筆者も現地では確認することができなかった。首里城の南西部にあたるB地域は近代以降に開発がおこなわれた地域である。そのため湧水自体が比較的少ない。国際通り北西部のC地域は波上宮やかつての久米村などが存在した地域である。久米村は進貢貿易において通訳や船頭などを担った人々が定住するようになった地区で、王府の中では重要な位置を占めていた。しかし、戦争中の空襲によって一帯は甚大な被害を受けるとともに、その後の那覇市区画整理事業によって大

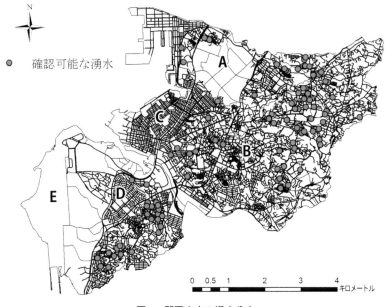

図4　那覇市内の湧水分布

157

きく改変された。そのためこの地域一帯には現存する湧水がほぼない状態である。国場側西側のD地域も戦後米軍の軍用地であったのが返還後に小禄金城土地区画整理事業として新たに開発された地域である。そのためC地域と同じく現存する湧水はほぼない。E地域は現在の那覇空港にあたる地域である。空港地域のため湧水はほぼないが、『那覇市湧水調査報告書』では湧水が一つ記載されている。しかしその一つも位置不明となっており、筆者も現地で確認することができなかった。

　以上、首里・那覇地域の現在の湧水分布を確認すると湧水が残存する地域、集落が存在せず湧水がもともと無かった地域、かつては集落が存在したが戦災や米軍の接収、その後の土地区画整理事業などによって湧水が消失した地域の3つに分けることができる。

　次ぎに湧水の分布と地質の関係についてみていきたい。筆者は以前、湧水と伝統的集落の位置関係について多少の検証をおこなった[7]。ここで再度、その確認をおこなえば地質的にみれば首里・那覇の位置する一帯は島尻層群泥岩と琉球石灰岩から構成される台地およびその境界にあたる。この地域の湧水は不透水基盤をつくる島尻層群泥岩に支配されて、上位をおおう琉球石灰岩中から湧出し、湧水を含めた地下水は島尻層群泥岩の上面構造によって規制されることが指摘されている[8]。図5は那覇・首里地域の地質図に調査した湧水の位置を重ね合わせたものである。この図からは吉川が指摘するように湧水の多くが泥岩と琉球石灰岩の境界上に分布していることが確認できる。また空港のある那覇西部地域には砂岩がみられるが、この一帯の湧水もまた多くが泥岩との境界上に分布している。

　続いて大正時代の集落と湧水の関係についてみていきたい。一般的に集落は水が得られる場所に形成されるが、すでに述べたように沖縄本島には大きな河川は少ない。そのため湧水が得られる場所に集落も立地するはずである。そこで住宅地が現在のように拡大する前の戦前の地図と湧水の場所を重ね合わせたのが図6である。この図では湧水の位置と陸

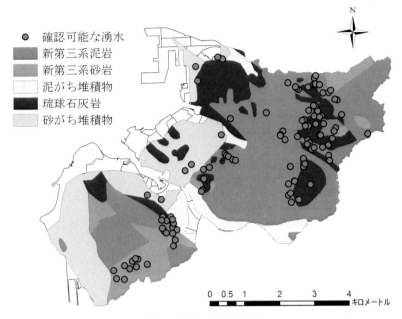

図5 湧水の分布と地質

地測量部が作成した大正8（1919）年の地形図を重ね合わせているが、陸地測量部が作成した地図は多面体図法を用いている点、測量精度が不明な点などいくつかの問題がある事から単純な重ね合わせでは重ならない。そこで大正8年の地形図をスキャンしデジタル化したものをArcGIS10.0上で幾何補正し重ね合わせる方法をとった。使用したコントロールポイントは30点、残差は9.8mである。地図上の外縁部は中央部に比べると残差が多少大きいが、図6程度の単純な地図の重ね合わせと表示ならば、この程度の残差でも十分確認ができると考える。図6をみれば、戦前の集落の多くに湧水が存在していたことがわかる。この湧水分布は現在も湧水が残っており筆者が確認できたものだけを示している。そのためすでに述べたように現国際通り一帯や小禄周辺にも集落が存在するが、戦災や米軍の接収、その後の土地区画整理事業などによ

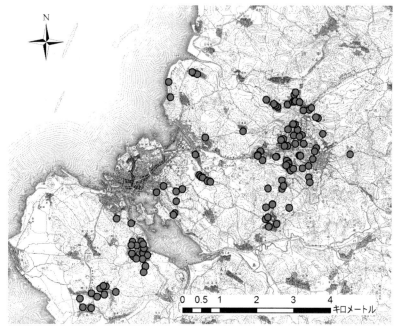

図6　大正8年の集落と湧水の分布

って湧水が消失したために集落上に湧水は見られない。

　ここまで湧水分布と地質、戦前の集落分布をみてきたが、これらの関係を考えるとまず戦前にも存在していた伝統的集落の多くが琉球石灰岩の岩堤や断層付近に位置していることがわかる。その要因は湧水が得られるためであり、湧水の多くは現在も保存されていた。つまり上水道が整備された現在もなぜ沖縄本島にはこれだけ多くの湧水が残っているのかを考えると、大きな河川が少ない沖縄本島にとって湧水の存在は集落にとって大きな立地要因となり、生活の上でも欠かせないものであった。この生活の根幹をなす湧水を大切にするという精神が、上水道が普及した現在も引き継がれ一部の湧水は拝所となり、また一部の湧水は整備・保存されてきたのだろう。

もちろんこの湧水ポイントは過去から現在にいたる那覇・首里に存在する全ての湧水を示したものではない。同地域における筆者の踏査によれば現存する湧水として図には示されず、すでに埋められたが拝所としてだけ存在する旧湧水も確認できた。しかし、地質と湧水、伝統的集落の位置関係は湧水ポイントが増えたとしてもほぼ変わらない。したがって、伝統的集落が地下水を得られる場所につくられ、湧水の確保がいかに集落構成の上で重要視されていたかがこの図から指摘できよう。

2-2　集落内における湧水の位置

　前項では集落の立地と湧水の関係についてみた。次ぎに集落内における湧水の位置について筆者が以前に調査した事例からみていきたい。那覇市の壺屋は陶器製造の集落として観光案内に取り上げられるほど有名であるが、この集落は単なる観光地としての側面だけでなく、戦災を免れたため戦前からの集落形態が残る伝統的集落としての側面も持っている。筆者はかつてこの集落で集落の空間構造について調査をおこない、湧水については集落内の位置と住民属性との関係について分析をおこなった[9]。

　琉球集落の空間構造、または集落形成の分析の際に重要となるのは村建てをおこなった住民や血縁的集団の中核である宗家である。集落はこれらの家を中心として腰当と呼ばれる思想を基盤としながら拡大していく。基本的に腰当思想では御嶽と呼ばれる聖地が集落内で最上位にあり、宗家、分家が下位に続く。この上位・下位の概念は特定の方角ではなく、概念上のものである。ただし集落はその概念を体現するように拡大していく。つまり集落内では御嶽が最も上位に集落を抱くようにあり、その下位に宗家・分家と続くのである。伝統的集落は腰当思想が基盤にあるため、村建てをおこなった住民や血縁的集団の中核である宗家の位置を知ることは、集落がいかに拡大してきたのかという集落形成の過程を明

らかにすることに繋がる。筆者の調査はこの宗家の位置と湧水の分布から集落形成の過程を検証するものであった。

　壺屋集落は1682年に琉球王府により3つの集落が計画的に統合された集落であるため、他の集落とは異なり最初の段階に家屋を構え基盤的役割を担う単独の血縁的宗家は存在しなかった。その代わりにナナチネーと呼ばれる7つの同族宗家、アガリ（東り）、イーヌシチャ（上の小橋川）、メーヌウチ（前の内）、トーウフヤー（唐大屋）、トグチ（渡口）、カマニー（窯根）、カーラブチ（瓦葺き）が琉球王府より壺屋に屋敷を拝領することによって集落が形成されたといわれる。筆者が聞き取りをもとに現在の2500分の1地図上に1920年代のナナチネー宗家の居住地と現在のナナチネー分家の居住状況を復原したのが図7である。この図

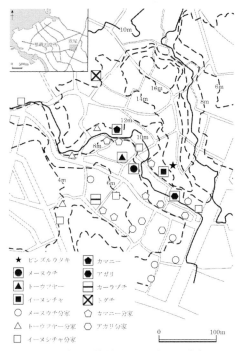

図7　壺屋の地形とナナチネーの分布

からは壺屋集落は小高い丘の上に御嶽（図中ではビンズルウタキ）があり、その南側に宗家・分家が並んでいる。この御嶽・宗家・分家の関係からはまさに腰当思想を体現した集落であることが確認できる。

続いて1920年代の集落内湧水をみると集落には5つの共同井戸があった。共同井戸は全てが飲料用水という訳ではなく、陶器製造の集落であることから生業に関わる共同井戸も存在する。以下が5つの共同井戸の由来である。

東ヌカー（アガリヌカー）：村ガー（共同井戸）の一つ。壺屋の東（アガリ）に位置することからアガリヌカーと呼ばれる。300年ほど前に村が開拓されたときに初めて掘られた井戸と言われる（図8）。

図8　東ヌカー

ミーガー（ミーガーヌカー）：ミーガーと呼ばれる家の人が掘った井戸。飲料水としては適さず、生活水として用いられた。側には池があり地下で繋がっていたと言われる（図9）。

図9　ミーガー

大井戸（ウフガー）：村ガーの一つ。集落祭祀の際にはここでさらに西方の拝所（下ヌカー）へ行く道と、他集落の拝所へ行く道とに分岐する。この水は飲料水、生活用水として用いられる。もとの場所は現在、道路になっており、今は近くに祠が建てられる（図10）。

下ヌカー（シムヌカー）：村ガ

図10　大井戸

図11 下ヌカー

図12 番所ガー

ーの一つ。道の下方にあるため下ヌカーと呼ばれる。飲料水としては用いられず、昔は井戸の側に池があり地下で通じていたために陶器製造後の水浴びによく利用されていた（図11）。

　番所ガー：村ガーの一つ。首里王府時代に番所の側にあったため番所ガーと呼ばれる。番所は壺屋の陶工を監督する役人の詰所となっており、飲料水として用いられた。現在は壺屋陶芸センターとなっており、脇の蛇口が井戸と繋がっている。（図12）。

　その他、筆者の調査によれば1920年代には前述の共同井戸5か所の他に池4か所があり、合計9つの湧水地の存在を確認することができた（図13）。

　分析では湧水が生活に欠かせないものであることを踏まえて、ナナチネー宗家とこれらの湧水地までの距離についてネットワーク分析をおこなった。分析にはArcGISを用いて、スキャニングした民俗地図の街路と数値地図2500の道路中心線の間で同定作業をおこない45点のCP（コントロールポイント）を設定した。その後、一次多項式によるアフィン変換をおこなった結果、CPの誤差（RMS残差）は平均2.66mであった。集落が東西約300m、南北約400mであることを踏まえれば、誤差は許容範囲であると考える。距離の計測はこの復原図上でナナチネーを含む

琉球における湧水分布と祭祀空間

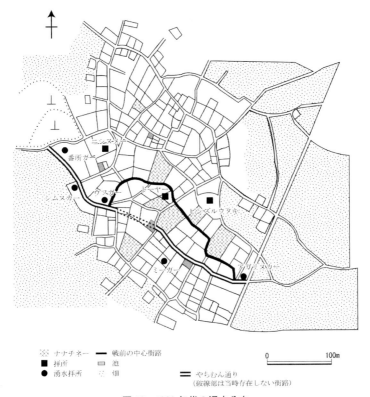

図13　1920年代の湧水分布

1筆ごとの敷地を復原し、ArcGISによるネットワーク解析をおこない、各敷地の中心点から各湧水地の中心点まで街路に沿った距離を算出して行った。集落にある9つの湧水地は全ての住民が自由に利用することができたため、各敷地から9つの湧水地までの距離のうち、最も近いものを敷地から湧水地までの距離として扱っている。

　まず、各敷地から湧水地までの平均距離をみると約86mであった。当時の集落範囲はそれほど大きくなく、湧水地のなかでも井戸は東西に偏ることなく列上に分布しているため、著しく湧水地から離れている敷

地は少なかったといえる。湧水地までの距離をナナチネーと一般住民に区別してみると、全てのナナチネーが湧水地から100m以内に位置するのに対して、一般住民では約6割にとどまる（表1）。湧水地の中でも池は比較的新しく、4つの池は全て堀池である。そのうちの一つは1900年代初頭に掘られ[10]、別の一つは明治期には存在しない。つまり、4つの池のうち1900年以前から存在し、共同で使えた池は最も東側にある池と中央にある池の2つである。この両池までの距離に限ってもナナチネーが平均距離約93mであるのに対して、一般住民は164mであった。

飲料水としての用途に限れば、東ヌカー、ウフガー、番所ガーの3つの共同井戸が使われていた。3つの井戸はいずれも集落の中央部に東西に並び、水利用の面からみると中央部の展開が他地区に比べて早かったことをうかがわせる。これら3つの飲料用井戸からの最短距離を比べると、平均距離でナナチネー142m、一般住民175mと若干ながらナナチネーの方が湧水に近く、飲料水用湧水に関してもナナチネーの方が優位

表1　敷地から湧水地までの距離

湧水地までの距離（m）	ナナチネー			一般住民		
	度数	%	累積%	度数	%	累積%
0-20	0	0	0	20	11.6	11.6
20-40	2	28.6	28.6	11	6.4	18.0
40-60	0	0	28.6	27	15.7	33.7
60-80	3	42.9	71.4	23	13.4	47.1
80-100	2	28.6	100.0	24	14.0	61.0
100-120	0	0	100.0	28	16.3	77.3
120-140	0	0	100.0	11	6.4	83.7
140-160	0	0	100.0	12	7.0	90.7
160-180	0	0	100.0	6	3.5	94.2
180-200	0	0	100.0	3	1.7	95.9
200以上	0	0	100.0	7	4.1	100.0
合　計	7	100.0	100.0	172	100.0	100.0

注）湧水地とは集落内の井戸と池を指す。小数点第2位以下は四捨五入。

であったことが確認できる（表2）。

さらに飲料用・非飲料用を合わせた共同井戸5か所までの距離でもナナチネーが平均距離で約115m、一般住民が約157mとやはりナナチネーの方が近接している。共同井戸は約6m～8mの起伏地に東西に分布し、一帯に井戸に適した湧水帯が存在することが推測される[11]。それに対してナナチネーの敷地は、井戸一帯の上方10m～14mに位置して、共同井戸を利用しやすい環境にあったといえる。井戸については敷地内に個人的な井戸を持つ住民もおり、全ての住民が共同井戸を利用していたとはいえないかもしれないが、少なくとも飲料用・非飲料用にかかわらず共同井戸の近くにナナチネーが居住していた実態は指摘できるだろう。

したがってここでは壺屋というひとつの集落事例にとどまるが、宗家などの初期から集落に居住する住民は湧水近くに居住し、分家や新規住民ほどその距離が遠くなる。すなわち初期集落ではいかに湧水のそばに

表2　敷地から飲料用湧水地までの距離

湧水地までの距離（m）	ナナチネー			一般住民		
	度数	%	累積%	度数	%	累積%
0-20	0	0	0	2	1.2	1.2
20-40	0	0	0	0	0.0	1.2
40-60	0	0	0	10	5.8	7.0
60-80	0	0	0	10	5.8	12.8
80-100	0	0	0	10	5.8	18.6
100-120	3	42.9	42.9	11	6.4	25.0
120-140	0	0	42.9	17	9.9	34.9
140-160	2	28.6	71.4	17	9.9	44.8
160-180	1	14.3	85.7	11	6.4	51.2
180-200	0	0	85.7	21	12.2	63.4
200以上	1	14.4	100.0	63	36.6	100.0
合計	7	100.0	100.0	172	100.0	100.0

注）飲料用湧水地とは東ヌカー、ウフガー、番所ガーを指す。小数点第2位以下は四捨五入。

住むかという点が重視されており、集落形成における湧水の重要性は明らかであろう。

2-3　湧水拝所の傾向

　最後に生活に密着する湧水が拝所となった湧水拝所の現状をみていきたい。祭祀がおこなわれる場所は拝所と呼ばれ各地に存在する。まずは首里・那覇地区の拝所数とその構成はどのようになっているのかをみていく。拝所についての研究は個々の拝所の性格や行事を調べたものが多く、その分布を調べたものは少ない。字誌と呼ばれる集落誌に集落内の分布が記載されている場合もあるが、複数の集落を越えるような広範囲の分布調査はほとんどない。このような状況で広範囲にわたる拝所分布の手がかりとしては「那覇歴史民俗地図」、「那覇地区旧跡・歴史的地名地図」、「那覇市歴史地図——文化財悉皆調査報告書」の3点が挙げられる。「那覇歴史民俗地図」は那覇市教育委員会が昭和初年を想定し古老からの聞き取ったものである。「那覇地区旧跡・歴史的地名地図」は那覇市内の文化財地名など1000件余を1996年時の那覇市現況図に記載したもので、旧那覇・首里・真和志・小禄地区の地図が存在する。「那覇市歴史地図——文化財悉皆調査報告書」は昭和61年に那覇市教育委員会が那覇市内の文化財を調査し把握するために文化財を悉皆的に調査したものである。しかしいずれの文献も調査目的が異なるため相互に補完せず、三者を見比べると記載漏れもあるほか、そもそもこれらの文献に記載されていない拝所も多数存在する。そこで筆者は2007年から拝所記載文献との照合・記載漏れを確認するために那覇・首里地区の拝所について踏査を進めてきた。その結果、現在までに首里・那覇地区に138の拝所を確認し、その内訳は湧水に関する拝所が59箇所、非湧水の拝所が79箇所であった（表3）。もちろんこの拝所数は現状調査の数であって那覇・首里地区全ての拝所を示している訳ではないが、本稿ではこ

こから拝所の傾向を考えていきたい。

まず非湧水拝所からみていくと、祭祀空間の中でも最上位の御嶽が最も多く 36 あった。基本的に一つの集落には一つの御嶽があるため、御嶽の数は必然的に多くなる。それに対して湧水拝所は拝所全体の約 40％程度を占め、現在も湧水が拝所として各集落に残り、祭祀に組み込まれているのがよくわかる。湧水拝所の詳細をみれば、井戸が 53 箇所、川・樋川が 6 箇所の計 59 箇所あり、井戸が拝所として保存されやすいといえる。

これまで琉球の祭祀空間といえば、世界遺産である斎場御嶽を代表とする御嶽というイメージが強かった。しかし、調査結果では御嶽より湧水拝所が全体の 40％弱を占めている。実際に琉球では湧水に関する祭祀空間が最も多いのであろうか。ここでは一例として那覇市の壺屋集落と今帰仁村の今泊集落の拝所構成から考えてみたい。壺

表3　湧水拝所の数

湧水拝所	井戸	53
	川・樋川	6
非湧水拝所	ウタキ	36
	土帝君	5
	殿	4
	火の神	6
	その他	28
総　数		138

表4　壺屋集落の拝所

名　称	分　類
ビンズルウタキ	ウタキ
東ヌカー	井戸
ミーガー	井戸
ウフガー	井戸
下ヌカー	井戸
番所ガー	井戸
トーヤー	火の神
びんじる女神	ビンズル
ニシヌメ	土帝君、焼物の神

現地調査より作成

表5　今泊集落の拝所

名　称	分　類
プイヌモー	その他
ハサギンクヮー（今帰仁ハサギ）	アサギ
獅子屋	その他
プゥミチ（大道）	その他
フブハサギ（親泊神アシアゲ）	アサギ
セークヤーヌハー	井戸
オーレ御殿	その他

今帰仁城跡周辺遺跡Ⅱ、今泊誌より作成

屋集落はすでに述べたように那覇の陶業村で、集落内の拝所構成は表4の通りである。集落には9つの拝所があり、そのうち5つが湧水拝所となっている。全体の半数以上が湧水拝所というのは、壺屋集落が陶業村であって陶業用に用いたミーガーや役人が滞在した番所ガーが含まれることが強く影響している。

一方、今泊集落の拝所構成をみると集落には7つの拝所があり、そのうち湧水拝所は1つだけである。(表5)。この1つも現在は埋められて井戸の跡が残っているだけで機能していない(図14)。もちろん集落内に井戸が1つしか無い訳ではなく、集落内には45もの井戸があり、そのうち8つが共同井戸であった(図15)。1つの集落にこれだけ多くの湧水があるのも今泊集落が地質に恵まれていたためであり、海岸縁ではあるが3〜4mも掘れば良質の湧水で出てきたという[12]。

これだけ多くの井戸がありながら拝所となっているのは1つだけなのであろうか。祭祀は大きく国家祭祀・集落祭祀・個人祭祀に分けられるため、これまでの調査・報告書も目的、調査対象の違いによって拝所の数え方が異なる。そこで昭和63(1988)年に刊行された『沖縄県主要水系調査書(沖縄本島中北部地域)』を確認すると湧水拝所として4つの井戸が挙げられていた。この4つのうち2つはムラガーつまり共同井戸として記載されている[13]。また個人系湧水拝所の1つはカミンチュミヤーと呼ばれており、カミンチュつまり神人＝祭祀者と何かしらの関係がありそうである。この様な事実を踏まえると今泊集落の湧水拝所は、共同井戸や祭祀者関係の井戸が起源になる傾向にあると考えられる。ただしこのような傾向は必ずしも全ての井戸に当てはまる訳ではない。表5と図15では参照した資料が異なるため、図15には埋められた湧水

図14　セークヤーヌハー

琉球における湧水分布と祭祀空間

図15　今泊の井戸
（現地調査および今泊誌、沖縄県主要水系調査書より作成）

拝所であるセークヤーヌハーは記載していない。セークヤーヌハーで祭祀をおこなっている住民に聞き取りおこなったところ、かつてこの井戸を産湯に使用したため、現在も祭祀をおこなっているとの事であった。つまり個人祭祀においてはその人の生活環境に深く関わった湧水が拝所として認識されており、湧水拝所は各個人によってその数に違いが出てくるのである。ただしその場合でも共同井戸や川・池などの共同湧水＋祭祀関係者＋個人に関係する湧水が拝所として認識されており、共同湧水や祭祀関係者の湧水が拝所になりやすい傾向は変わらない。これは壺屋集落の湧水拝所が全て共同井戸である事からも明らかである。

171

おわりに

　本稿では湧水の分布と祭祀空間としての利用を調査・分析した。首里・那覇区域の湧水分布と地質、伝統的集落の3者の関係を検証した結果、湧水の多くが泥岩と琉球石灰岩の境界上に分布していること、伝統的集落は地下水が得られる場所につくられ、湧水の確保がいかに集落構成の上で重要であったかが明らかとなった。

　また集落形成において湧水がいかに住民と関係するのかを壺屋集落を事例として距離的に考察した結果、初期から集落に居住する血縁集団の宗家ほど湧水近くに居住していた。この事は集落の立地・形成における湧水の重要性を示すものであり、利用されなくなったとはいえ湧水が祭祀空間として今なお多く残る一因ともなっているであろう。

　最後に湧水拝所の現状について考えたが、現在までに首里・那覇地区におよそ140弱の拝所が確認でき、そのうち約40％程度が湧水拝所であった。この事からは湧水が拝所として各集落に残り、祭祀に組み込まれている実態が確認できた。また湧水拝所の中でも井戸の方が川・樋川系に比べて圧倒的に多く拝所として残っており、川・樋川は絶対数が少ない点も考慮すべきだが、身近な井戸は拝所として保存されやすく、井戸の中でも共同井戸の方が拝所として保存されやすい傾向にあった。もちろん共同井戸が拝所にならない事例もあるが、拝所になるかどうかに関わらず、何らかの形で現在も保存・継承される背景には住民が抱く集落のアイデンティティに共同井戸、つまり集落内での水利用が含まれているのではないかと考えさせられる。

　以上、本稿では湧水の分布と祭祀空間について幅広く検討したが、個別祭祀の検証にまでは至らなかった。湧水での祭祀が王府時代から今もおこなわれているとしても、かつての祭祀と現在の祭祀ではその意味合いが必然的に異なってくる。湧水でおこなわれる祭祀を個人祭祀・集落

祭祀・国家祭祀にわけてその内容を具体的に検証する過程がなければ、住民と祭祀がいかに関係しているのか、さらに湧水と湧水祭祀をいかに継承してきているのかという実態はわからない。また上水道が普及した現在、井戸などを利用しなくなった住民がどのような思いでそれらを保存しているかを知ることなしには、湧水と住民の真の関係性はみえてこないだろう。

　さらに本稿で取り上げた集落事例は少なく、地域的な偏りもある。この点を踏まえれば、琉球全体の集落と湧水に同じ傾向があるのかはこれからの検証課題でもある。特に湧水と特定住民の距離などは水が得にくい地域と比較的水が得やすい地域では異なるだろう。今後は複数の集落を対象として血縁集団宗家と湧水の距離を分析することによって、地域ごとの湧水が集落形成に与える影響がみえてくると考える。

　これらの考察については今後の検討課題として別稿にておこないたい。

付記

　本研究の一部は平成25年度関西大学若手研究者育成経費（個人研究）において研究課題「集落景観からみる東アジア的世界観――沖縄本島を事例として――」、平成25年クリタ・水環境科学振興財団において「沖縄県中部における湧水の空間的復原と水文化継承に関する研究」として研究費を受け、その成果を公表するものである。

注
1）伊波普猷・東恩納寛惇・横山重編『琉球史料叢書第二』名取書店刊行会、1940, 15頁。
2）仲松弥秀『古層の村　沖縄文化論』沖縄タイムス社、1977, 139-155頁。
3）複数の集落を支配した有力者は按司と呼ばれた。按司の始現期については諸説あるが、8-9世紀のころとの説が有力である。宮城永昌編『沖縄のノロの研究』吉川弘文館、1979, 73頁。
4）前掲3）61-88頁。
5）前掲3）109頁。

6) 前掲3) 135-136頁。
7) 松井幸一「湧水のコスモロジーと集落構成」『地球』海洋出版、Vol33, 2011年、681-685頁。
8) 吉川博恭『九州・沖縄の地下水』九州大学出版会、1981年, 278-279頁。
9) 松井幸一「那覇市壺屋集落における空間構造の特性」歴史地理学、2010年、30-48頁。
10) 筆者の聞取り調査では、個人所有の池も他の住民によって利用されていた。高志保は1900年代の初頭に池が掘られたことを聞取っている。高志保美菜「戦前の壺屋地域における井戸・池・道・坂道・松林の名称について」壺屋焼物博物館紀要8, 2007, 6-16頁。
11) 那覇市の湧水調査では、壺屋集落の湧水として現在拝所となっている5つの井戸が示されている。周辺一帯には他の湧水の記載がないことから、一帯で最も湧水が得られる場所であったと考えられる。那覇市保健衛生部環境公害課『那覇市湧水調査報告書』1994。
12) 今泊誌編集委員会編『今泊誌』今帰仁村字今泊公民館、1994年, 297-302頁。
13) 北東部のムラガーは『今泊誌』に記載無く、現地調査でも位置不明であったが、『沖縄県主要水系調査書』の利水現況図によるおよその位置を示している。

ヒンドゥー教における聖地の場所性
―― ヴァーラーナーシー概観 ――

野　間　晴　雄

1　はじめに

　この小論はインド世界におけるヒンドゥー教の聖地を地理学の視点から扱うものである。D. ソーファーの古典的な宗教地理学の概説書（1967）では、宗教地理学の研究対象として、①宗教体系と制度の発達、②環境的背景との関係、③宗教体系と制度による環境の変容、④宗教体系と制度の地域組織化の過程、⑤諸宗教の地理的分布と普及の動態などをあげている（ソーファー 1971）。近年の人文地理学の動向では宗教と政治の関わりが重視されてきている。1990年代以降の新しい文化地理学の影響を受けて、宗教景観をテキストとして、それを創造する主体の政治性を社会関係から明らかにする研究などがそれにあたる（松井 2013：301）。シンガポールでのキリスト教、イスラム教、ヒンドゥー教、「中国宗教」（仏教・儒教・道教を集合した信仰）などの併存状況は新しい視点に格好のフィールドとなった（藤村 2004：72-73）。

　ここではガンジス川と深く結びついたヒンドゥー教の聖地を取り扱う。上流から中流へ主要なガンジス川やその支流の聖地をあげると、ガンゴートリー、バドリーナート、リシケーシュ[1]、ハリドワール、アラーハーバード[2]、カーンチプラム、ヴァーラーナーシーなどである。さらにはヒマラヤ山脈の前山の背後にあるカトマンズ盆地にはネパール最大のヒンドゥー教寺院でシヴァ神を祀るパシュパティナート（Pashupatinath）

がある。そこを流れるバグマティ川で遺灰を流すとガンジス川に戻っていくと考えられ、この国最大の聖地となっている。このほかにもカトマンズ盆地には、ドゥルバル（Durbar）、パタン（Patan）、バクタプル（Bhakutapur）、キルティプル（Kirtipur）などの歴史都市や寺院もヒンドゥー教の聖地となっている。

ヴァーラーナーシーの下流には、ベンガルデルタの重要な支流となっているフーグリー川河口のガンガサガールがヒンドゥー教徒にとって重要な聖地となっている。その一方で、ムスリム人口の多いベンガルデルタ東部では、ピートスタンと呼ばれる土着信仰と結びついた女神信仰がみられるものの（外川2000）、主立ったヒンドゥー教聖地はみられない。

本稿は、ガンジス川中流域のヒンドゥー教の最も重要な聖地でかつ宗教都市であるヴァーラーナーシーを対象に、その都市の形態と成り立ちを、その立地環境と、寺院やガート（ghat）といわれる沐浴場との関わりで、その初歩的な概観を試みるものである。

ヴァーラーナーシーで死してガンジス川に流されれば、これまでのすべての罪が清められてシヴァ神のもとへ行けると信じられている。毎日多くの遺体が運び込まれ、ここで火葬にふされている。また、死を待つ重病人を収容施設も川べりにあるなど、人の死と結びついた聖地でもある。ただし、本稿はまだ研究の端緒についたばかりで、十分な文献サーベイもできていない。ヴァーラーナーシーがいかなる場所性を有しているかの初歩的な考察である。コスモロジーに根ざした聖地の深い意味や他宗教との併存状況については後考を待ちたい。

2　ヒンドゥー教の発生と展開に関する宗教略史

インドの宗教史を大きく時代区分すると以下のようになる（立川2005：20-21）。

第1期：インダス文明の時代——前2500年〜前1500年
第2期：バラモン教（バラモン中心主義）の時代——前1500年〜前500年
第3期：仏教など非正当派の時代——前500年〜600年
第4期：ヒンドゥー教隆盛の時代——600年〜1200年
第5期：イスラム教支配下のヒンドゥー教の時代——1200年〜1850年
第4期：ヒンドゥー教復活の時代——1850年以降

　第1期はインド文化形成に大きな役割を果たしたアーリア人が中央アジアから前1500年頃にインド亜大陸に侵入した。このアーリア人よりも古層のインド先住民がドラヴィダ民族が、インダス川流域に高度な都市文明を成立させたと現在ではいわれている。パキスタンのシンド州のモヘンジョダロ（Mohenjo-daro）とパンジャブ地方のハラッパー（Harappa）の2大遺跡が著名であるが、インダス文明は宗教的権力を象徴する遺構が少なく、遺物としては数多く出土する母神土偶などから強い家庭祭祀（母神や動植物信仰など）が中心だったされる。
　第2期の1000年間はヴェーダ[3]の時代といわれる。遊牧・牧畜民族であったアーリア人がヒマラヤ山脈の西の低い部分を超えてインダス川流域にはいり、「5つの川」と呼ばれるインダス上流のパンジャブ地方に定着して半農半牧の社会を形成した。この時期に編纂された神々に関する賛歌集である聖典『リグ・ヴェーダ』は、インダス川を至上とする自然賛歌でもあった。
　この地でアーリア人はドラヴィダ人を支配したため、ドラヴィダ人は南インドに追われるかたちで南下した。その一方で、アーリア人はガンジス中流域のガンジス・ジャムナー平原に進出し、前1000年頃に豊かな定住農耕社会を出現させた。これがアーリア人の二次定住といわれる。軍事指導者が世襲の王族・武人階層（クシャトリア）を形成した。森林

開墾による稲作の開始、鉄器の使用、国家の形成、バラモン教の発展、カースト制度の基礎の形成など、きわめてインド世界を形成する重要なできごとが、アーリア人の東進から前500年頃までの期間におこっている（辛島1992：13）。アーリア人の祭儀は先住民の信仰や儀礼を取り入れて複雑化し、その聖典として数多くのヴェーダが編纂される。それとともに、祭儀に精通した司祭者であるバラモン階層が生まれ、その地位が高まった。各地の王国は分立していたが、前6世紀にはガンジス流域に興ったコーサラ国とマガタ国が優勢となる。そのマガタ国で生まれた宗教が仏教とジャイナ教である。マケドニア王アレクサンドロスはペルシアを滅ぼし、カイバー峠を越えてインドの西境まで進攻し、この地域を一時期属領とした。

これを奪還したのがチャンドラグプタ（前317-前293頃）である。かれが樹立したのがインド世界で最初の統一王朝であるマウリア朝である。ガンジス川沿岸のパータリプトラ[4]に首都を置き、第3代アショーカ王の時代にセイロン島まで進出し、全インドを統一して王朝の全盛期を築く。その王が帰依したのが仏教で、布教と仏典結集に積極的に援助した。

仏教は前500年頃アーリア人であるシャカ族のガウタマ＝シッダールタ（のちのブッダ）によってガンジス中流域で興った。バラモン教が生まれたインダス川流域に比べて、ガンジス川中流域は湿潤な地域である。仏教はカーストを否定、人間の平等を説くもので、バラモンに押さえられたクシャトリアやヴァイシャカーストが数多く信奉することになった。

マウリア朝は灌漑水路を掘削し、夏に米、豆類、冬にムギ類を栽培し、インダス河谷から馬を、南方からは象を集めて軍事増強に努め（高谷1996：348-349）、アフガニスタン南部から東はガンジス川下流域、南はデカン高原までその支配域を広げた。しかし、マウリヤ朝は前2世紀初めに滅び、4世紀までは政治的分裂が北インドでは続く。中央アジアから来住したイラン系の騎馬民族やギリシア系の人々が西北インドに次々と侵入してきた。そのなかで覇権をとったのがクシャーナ朝である。ガ

ンダーラ地方のプルシャワラ[5]に都を置き、2世紀中頃にはガンジス川中流域のパータリプトラ付近までその支配範囲を広げ、ヘレニズム文化の影響を受けた仏教美術であるガンダーラ美術がカニシカ王の時代（2世紀）にこの地に栄えることになる。

　一方、その南のデカン高原から西インドにかけてはサーダヴァーハナ朝が、その南のインドでは、チョーラ朝が支配することになる。これらの南インドの諸王朝は、いずれもインド洋交易やベンガル湾交易でローマ帝国や東南アジア諸国と交易をする海洋王国であった。南方上座仏教やそれと混淆したヒンドゥー的要素は東南アジア海洋国家、ミャンマー・タイの版図を越え、東のベトナム・カンボジアの扶南やチャンパまで移植される。つまり純化したヒンドゥー教はガンジス中流域を核としてインド亜大陸全域で栄えるのに対して、同じ地域に発祥した仏教は南下、海を渡り東南アジアでその果実を結ぶのである。

　北インドの覇者クシャーナ朝の衣鉢を継いだのが、ビハール地方でチャンドラグプタ1世が建国したグプタ朝（320-600頃）である。北インドでは2つめの統一王朝で、4世紀、第3代のチャンドログプタ2世の頃に全盛を迎える。このグプタ朝の最大版図はガンジス下流域、東インドのベンガル湾まで及んでいる。このグプタ朝の下で形成されたのがヒンドゥー的社会秩序である。インド古典文化の華が開いた時代である。従来のバラモン教は、紀元前後にインド各地の民間信仰を取り入れて、シヴァ神（Siva）、ヴィシュヌ神（Vishnu）、ブラーフマー（Brahhuma）の三神を中心とする多神教としてヒンドゥー教が確立した。その発展は仏教の隆盛時には押えられていたが、やがてインド的な要素を盛り込んだグプタ美術が全盛を迎えた。北インドの彫像美術には特色があり、マトゥーラとサルナートで洗練された仏教美術が栄え、東アジアや東南アジアにも多大な影響を与えることになる。その一方で、この時期には南のデカン高原でもヒンドゥー美術が栄える。西インドのアジャンタ石窟[6]やエローラ石窟[7]などが名高い。文学ではヒンドゥー教聖典として

叙事詩『マハーバーラタ (Mahabharata)』、『ラーマヤーナ (Ramayana)』が3〜4世紀に成立している。

ほぼ同時期に、ビハール州北部出身のクシャトリア身分のヴァルダマーナ (Vardhamana) によって、出家・苦行・禁欲を説き徹底した不殺生主義をとりカーストを否定するジャイナ教も生まれている。

第3期は、統一王朝であるグプタ朝のあとに、インダスの乾燥谷を経由して中央アジアからアーリア系のさまざまな民族がはいってくる時期である。8世紀の北インドはラージプート諸王朝が争い分裂状態となる。この時期は古典語文章語であるサンスクリットを産みだした古代アーリア語が、北インドではマラーティー語、ベンガル語などが生まれた。南インドでは、ドラヴィダ系のマラヤーラム語がタミル語から分化するなどしてインドの地方文化を成立させる。ただし「大伝統」としてのヒンドゥー文化はいずれの地域でもより強固なものとなる。

この混乱の時期に、アラビア半島では商業都市メッカ唯一神アッラーの信仰と人間の平等をとなえるイスラームが生まれている。イスラームは早くに宗教として成立し、またたくまに西アジアを中心に、北アフリカ、イベリア半島などに広大なイスラーム世界が形成された。ダマスクスに都を置くウマイヤ朝（661-750）は最初のイスラーム王国である。一方、ムハマドの叔父であるアッバースの子孫は、750年にアッバース朝（750-1258）を開く。このイスラム王朝はバグダートを中心に、シーア派を弾圧して多数派のスンナ派を保護した。アラブ人の徴税面での特権を解消し、イスラム教徒間の平等化を実現するなど、諸民族が対等なムスリムとして社会的役割を担うことになった。ここに、世界帝国としてのイスラーム帝国が成立し、都市を中心としたイスラーム文化が栄華を誇ることになる。信者の礼拝の場としてのモスク、商取引と手工業の場であるスク・バザールが栄えた。

インド宗教史の第4期は、このような状況のなかで、イスラム教がインド世界へ直接拡大していく時期である。13世紀にデリーを中心に栄

えたデリー＝スルタン朝がその先駆けであり、16世紀まで連続して北インドに多くのイスラーム諸王朝が興隆した。

ティムールの子孫バブールは、アフガニスタンから北インドに侵入し、ムガル帝国（1526-1858）を建国した。この外来勢力はヒンドゥーの有力層を取り込みながら、非ムスリムに対する人頭税（ジズヤ）を廃止するなど、ヒンドゥー教徒との融和政策を押し進めた。そのためインド世界では、北インドのガンジス湿潤河谷はイスラーム化されるが、ヒンドゥー教もそこにしっかりと根を下ろして共存していた。その勢力が弱まるとともに、南インドではヒンドゥー教の勢力が強まっていき、より厳格なヒンドゥーイズムが残ることになる。

ヒンドゥー教社会はインド世界のなかでは農業に基盤を置く定住社会の宗教であった。これはイスラム教が砂漠で生まれ、都市の商人の宗教として、アジアの海域世界に広がっていったのとは対照的である。インドに発祥したヒンドゥー教は、インド亜大陸以外での影響や分布は、インドシナ半島の扶南やベトナム中部のチャンパ、バリ島に現在では痕跡を留めるにすぎない。ただし、ヒンドゥー要素をもった寺院の遺跡は、タイ、ミャンマー、カンボジアなどの上座仏教地域にきわめて広範にみられる。

3　南アジアの生態空間と聖地分布

南アジアは2つの生態空間がある。圧倒的に広大な亜大陸の「野の世界」と、「海洋インドの世界」である（高谷1996）。ただしそこで信仰されている宗教はいずれの世界も圧倒的にヒンドゥー教である。Hinduの語源はサンスクリット語でインダス川を意味する Sindhu に対応するペルシア語とされる。「（ペルシアから見て）インダス川対岸に住む人々」が西欧に伝わり、インドに逆輸入され定着したとされる。それほどにヒ

ンドゥー教は「インド教」ともいえるインド世界を象徴する民族宗教である。

インドには湿潤な平野や南部の海岸地帯から乾燥するグジャラートの砂漠、デカン高原の雑穀地帯までじつにさまざまな環境生態をもつ世界である。標高も 8000m を超えるヒマラヤ山脈から 0m に近いベンガルデルタの広大な沖積低地まで高度差も大きい。インドの言語は州が公認する公用語だけで 22[8)]あり、紙幣には 17[9)]の言語の表記がされるなど多言語国家である。しかし言語と他の文化要素との一致は少なく、ヒンディ語のように州を越えての公用語もある一方で、きわめて限定された地域の言語も公用語に含まれるなど政治的遺産でもある。

文化領域としては、大きくは北インドのアーリア系文化領域と、南インドのドラヴィダ系文化領域に大別される。しかしこれもヒンドゥー世界のサブレベルの問題である。インドの先住民であったドラヴィダ系の人々が多く住む南インドには、より強固なヒンドゥー教の伝統が純粋に保持されることになった。タミルナドゥ州のマドライは南インドのヒンドゥー聖地の一つであるが、典型的なヒンドゥー世界観を体現した都市である（布野 2006、柳沢・布野 2004、柳沢・布野 2008）。

人口 13 億のインドでは、ムスリム人口も 1.8 億人（2014）と絶対数ではきわめて大きい。パキスタンやバングラデシュのムスリム国家を加えるとインド世界のムスリム人口 4.8 億人を超えており、南アジアは世界で最もイスラーム教徒が多い地域である。しかもムスリムのインド国内における分布状況もモザイク状態で複雑きわまりない。

現在ではインドで人口 1%にも満たないが仏教も、遺跡としては全土に数多くあり、そのなかには聖地として世界中から人々が集まる場所もある。生誕地のルンビニー（ネパールのタライ平原、藍毘尼）、成道（悟り）の地ブッダガヤ（インド、UP 州のガヤ市、仏陀伽邪）、ブッダが初めて説法を行なった（初転法輪）ヴァーラーナーシー郊外のサールナート（鹿野園）、涅槃（入滅）の地クシーナガラが 4 大聖地[10)]となって

いる。とりわけサールナート（鹿野園）はヴァーラーナーシーの市街地からわずか北に 10.4km の台地上にあり、2 つの宗教の聖地がきわめて隣接していることも興味深い。

　このように、インド世界はヒンドゥー教、イスラム教、仏教の 3 つの大宗教が織りなす混淆体であるが、全体としてはきわめて強固なヒンドゥーイズムの共通した地盤の上に築かれている。とりわけ、仏教とヒンドゥー教の主要聖地は、ガンジス川の中流域で重なり合っている。しかもそこはイスラーム諸王朝が 12 世紀以降に栄えた地域である。このようなガンジス中流域のさならる核心が、ヴァーラーナーシーである。そこは確かにヒンドゥー教最大の聖地であり、数多くの著名なヒンドゥー寺院が分布するとともに、モスクやジャイナ教寺院なども隣接して数多く分布する。しかもその郊外には仏教聖地のひとつサールナートがある（写真 1）。この多宗教の混淆状態はヴァーラーナーシーの聖地のあり方を規定する重要な視点である。それこそがインド世界を理解する糸口でもあると私は考えている（図 1）。

　ガンジス川はヒマラヤ山脈中部に発し、多くの支流を集めて北インド

写真 1　サールナートのメラ
（筆者撮影 2015 年 8 月）

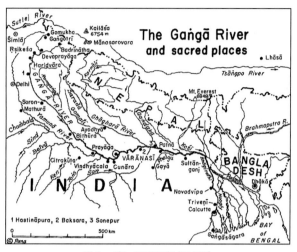

図1　ガンジス川流域の聖地
（R. Shingh and P. Rana 2006）

を東西に縦断してベンガル湾に注ぐインド最長の河川（全長 2,150km、流域面積 97.6 万 km^2 である。その主要支流であるジャムナ川はアラーハバード付近で本流と合流する。またガーグラー川はチャプラ付近で合する。ネパールからヒンドスタン平野を南下したガンダク川とはビハール州の州都、米の集散・商業地で、古代マガタ王都、のちにマウリヤ朝・グプタ朝の首都ともなったパータリープトラ（華子城）には関連する多数の遺跡がある。ヴァーラーナーシーは仏教聖地であるとともに、ヒンドゥー教の重要な聖地ともなっている。

　ここをすぎてガンジスを下ると、ベンガルの地である。ガンジス川デルタの西を画するフーグリー川の河口、サーガル島には、ガンガ・サーガルのヒンドゥー教聖地があり、ベンガルの中心地コルカタにもカーリー寺院に代表されるヒンドゥー聖地や重要な寺院がある。

　現在はバングラデシュになっている東ベンガルの地では、ガンジス川は南流するブラマプトラ川と合してベンガル湾に注ぐ。バングラデシュ

国内ではパドマ川と呼ばれる。このガンジスデルタは中流域に比べて農地開発が遅れた。しかもその開発を担ったのがムスリムであったため、主だったヒンドゥー聖地は目立って少なくなる。ここにはヴァーラーナーシーとは異なったヒンドゥー聖地のあり方が予想される。

4 ヴァーラーナーシーの自然と聖地の構成要素

ヴァーラーナーシー（Varanasi）はウッタル・プラデシュ州（UP）、ガンジス川本流中流左岸のヒンドスターン平原の標高81mに位置するインド最大のヒンドゥー教聖地である。郊外まで含めた市域の人口は1,201,815人（2011年の市センサス、国内30位）、面積は3,131km^2、人口密度380人/km^{2}である[11]。図2は2011年の都市プランを示した

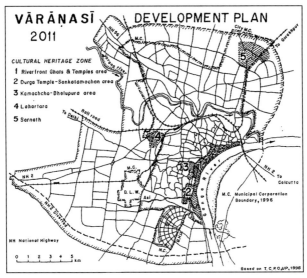

図2 ヴァーラーナーシーの都市プラン（2011年）
(R. Shingh 2006)

地図であるが、聖地の核心部は1～4のガンジス川左岸の「文化遺産ゾーン」のリヴァーフロントにある。また5は仏教聖地のサールナート（鹿野園）である。新市街地での官公庁や大きなホテルはこのリヴァーフロントと鉄道駅の中間の丘陵地に位置する。

　ガンジス川の左岸にヴァーラーナーシーの旧市街は弓状に市街地が広がる。地形的には攻撃斜面になっており、対岸（右岸）は地形的にはポイントバーにあたる。ここは湿地として保全され、開発の手が加えられていない。いわばここが死者が向かう彼岸である。旧市街には無数の寺院が狭い河岸の微高地とその後背地に林立する。シンら（Singh and Rana 2006：23-24）によると、ヴァーラーナーシには3000のヒンドゥー寺院、1400のイスラム教の寺院・モスク、12のキリスト教会、3つのジャイナ教寺院があるという。

　ヴァーラーナーシはバラーナス（Baranas）とも綴り、Baraはいつでも準備の整った（alway ready）人間の体液（life juce）である。シヴァ神のエネルギーがガンジス川を伝って流れそれが無数のリンガとなって象徴される（iconography）。ヒンドゥー教徒にとってヴァーラーナーシーは再生の地でもある。ヒンドゥーイズムそのものであり、インドを体現した都市である。カーシー（ヴァーラーナーシーの古名で市街地を指す）、シヴァ神、ガンジス川は三位一体といわれる。それは左岸に川に接して3つの丘、すなわち北のオムカレシュバーラ（Omkareshvara）、中央のヴィスヴェシュヴァーラ（Vishveshvara）、南のケダルシュヴァーラ（Kedarshvara）に象徴される。

　この仏教が生まれ、ヒンドゥー教が華開いた地域の気候を、ヴァーラーナーシーの気温・降水量から検討してみよう（表1）。ヴァーラーナーシーは雨季と乾季が明瞭で、降水量はほとんど6～9月の4ヶ月に集中する。ケッペンの気候区でいえばAw気候（熱帯サバナ気候）にあたる。乾季はきわめて高温な暑季（3～5月）と、比較的過ごしやすい冷季（10月～2月）に分かれる。灼熱の大地で気温が40度近くなる4

ヒンドゥー教における聖地の場所性

表1　ヴァーラーナーシーの月別気温と降水量

月	1月	2月	3月	4月	5月	6月	7月	8月	9月	10月	11月	12月	年
最高気温（℃）	32.3	35.8	42.4	45.3	46.8	48.0	43.9	39.8	42.3	39.0	35.3	32.7	48.0
平均最高気温（℃）	23.0	26.2	32.6	38.5	40.3	38.4	33.7	32.9	32.8	32.7	29.4	24.7	32.1
平均最低気温（℃）	9.2	11.6	16.2	21.9	25.5	27.2	25.7	25.4	24.4	20.6	14.4	10.1	19.2
最低気温（℃）	0.3	2.4	7.9	11.4	17.8	14.3	21.4	21.7	19.1	8.9	4.3	2.3	0.3
平均降水量（mm）	19.0	18.2	8.3	6.1	10.3	107.3	309.3	288.4	244.9	32.3	9.3	4.8	1058.2
雨の日数（日）	1.6	1.7	1.0	0.6	1.2	5.4	13.9	13.4	10.0	1.8	0.6	0.5	51.5

（注）India Metrological Department（1971年～2000年）の平均（Wikipedia 英語版 Varanasi による、2016年9月10日閲覧）

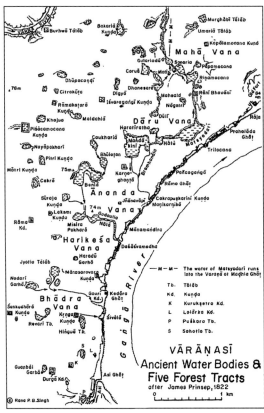

図3　ヴァーラーナーシーの貯水池と林地の分布
（R. Singh 2006）

187

〜6月は耐えがたく、人々の労働効率も落ちる。

　総降水量1,058mmは、ロンドンの2倍はあるが大阪の3分の2に過ぎない。しかもほとんど雨が降らない11月から5月の半年にいかに水を確保するかが農業上最も重要になってくる。灌漑なくしては作物は生育しない厳しい条件である。

　図3は1822年のイギリス人であるJ. プリンセップ（James Princep）の地図（縮尺約5000分の1）からR. シンが主要なため池を抜き出したものである。kunda（サンスクリット語）、talab（ヒンディ語）と呼ばれる貯水池（タンク）が、ヴァーラーナーシーの台地上（標高80m以上）に19世紀中頃までに造成され、しかもそれが水路、河川によって親池、子池と結合している状況が読み取れる。その水路によって森林区が5つに分けられている。北から南へMaha Vana、Daru Vana、Anada Vana、Harikesa Vana、Bhadra Vanaとなっている。1年のうちで降雨の多い6月から9月の雨季にはこれらの貯水池は相互に水路で結ばれ、下流の貯水池に灌漑用水が配分され、最終的にガンジス川に排出される。とりわけ、Mandakini貯水池はMatsyodari貯水池の間は低い分水界となっており、マハヴァーナ北部は北上していくつかの貯水池

写真2　雨季のヴァーラーナーシー
（筆者撮影、2015年9月）

を結びつけ、最終的にはヴァルナ（Varuna）川に注ぐ。ヴァルナ川はヴァーラーナーシーの北を西から東に蛇行しながらアディケシャブガート（Adi Keshav Ghat）付近でガンジス川に流入する。

　上のような貯水池が造成される前は、さらに農業生産が不安定であったことは想像に難くない。ヴァーラーナーシーはいわばガンジスの水の恵みを受けながらも、この地域のいちばん低いところを流下し（海抜71m）、上流からの増水の影響で季節によって3m程度の増水がみられる。写真2は2015年9月に撮影したもので、増水によってガンジス川からガートを見学する観光用の船も危険でなかなか出ない状況であった。雨季と乾季の水位の差はヴァーラーナーシーのガート周辺の水辺景観を大きく変える。

　ヒンドゥー教は河川崇拝が顕著であり、水を使った沐浴の儀式が重要視されている。特にガンジス川は川の水そのものがシヴァ神の身体を伝って流れ出て来た聖水で、川自体も女神ガンガーであるため、「母なる川ガンジス」自体が河川崇拝の中心となっている。そのため、ヒンドゥー教徒は、沐浴場に設けられた石の階段を下りて川の水に頭までつかって罪を清め、体を洗い、口を清め河水さえ飲むこともある。

　しかし、上のその自然条件は、最も生産性が高いガンジス中流域でも、降水は十分ではなく、灌漑によって高い農業生産が維持されていることに注意しなくてはならない。乾燥地に発するアーリア系の人々がガンジス川を下るなかで湿潤な谷にはいっても、なお水への希求が重要な契機となっていることに注目したい。ただし、多くの貯水池がふだんはほとんど水がなく、その機能を十分発揮していないことも事実である。

　その略史をたどると、この地は前6世紀にはカーシー王国（Khasi）の首都であり、バラモンの修行拠点であった。同時にこの時期はこの地域に仏教も隆盛であり、前582年にはブッダ（BC565〜486, BC465〜386）の初転法輪の地であり、サルナート寺院（Sarnath Dhamekh Stupa）など仏教の7大聖地のひとつとなっている。428年にカーシー

王国は滅んだが、8世紀までヒンドゥー教聖地として栄える。その後、西北から勢力を増してきたイスラム教に圧倒され、11～17世紀の間に少なくとも4回の進撃をうけ多くのヒンドゥー寺院が破壊されたが（Singh and Rana 2006：22）、その都度復興した。16世紀にはデリー・スルタン王朝、3代アクバル帝のもとでヒンドゥー復興運動が起こり、この地域のヒンドゥー教、イスラム教は共存することになった。しかし、6代アウランゼブ帝によって聖像崇拝禁止され、破壊をうけている。

　やがてムガル帝国の衰退とともに、この地域はマラータ王国の版図にはいった。18世紀にはこのマラータ王国による富の投資が行なわれ、寺院、ガート建設（ダシャシュワダガート、マニカルニカガート、ハリシュチャンドラガート）が次々と復興していった。1780年のカーシー・ビシュナガート寺院の復興などはその典型である。東インド会社の勢力強まるなかでもこの地域は完全なイギリスの植民地にはならず、1737年にはヴァーラナーシー藩王国が成立する。この藩王国はインド帝国内に散在した半独立の王侯（藩候：マハラジャ、ナワーブ）の領土である。旧来を支配者を残しており、藩候を通じて限定された内政権を認めれたが、外交・軍事権はイギリスが握った。この制度がヴァーラーナーシーではインド独立の1947年まで続いた。

　ヴァーラーナーシーには84のガート（ghat）が連続しその延長は約6.4kmある（図4）。本来、ガートとは石やコンクリート、スラブの階段で船着き場をさす。ここでのガートはヒンドゥー教にとって特別な意味をもつ。大別すると以下のような機能がある。

　　①沐浴の場　朝日に向かって身を清める
　　②プジャ（puja）
　　③火葬場
　　④広場、祝祭の場
　　⑤生活の場　洗濯、ヨガ、レスリング

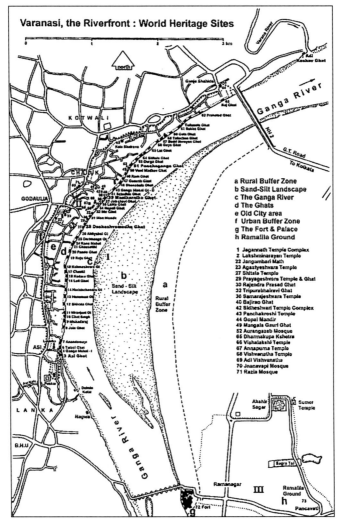

図4　ヴァーラーナーシーのガンジス川左岸のガート分布
（R. Shingh and P. Rana 2008）

とりわけ中心をなすのが死者を荼毘にふす火葬場としての機能をもった5つのガートである。ダシュワメダガート（Dashashwamedh Ghat）、マニカルニカガート（Manikarnika Ghat）、ハリシュチャンド

ラガート（Harishchandra Ghat）、パンチュガンガガート（Panchganga Ghat）がこれに該当する。ここで火葬すると肉体から解放された魂が涅槃にたどり着いて生まれ変わると信じられている。

ヴァーラーナーシーの聖地を表現した地図としては、絵地図、実測地図などがある。なお、詳しい絵地図・地図の分析は別稿を予定しているので、ここでは、この聖地の世界観（コスモロジー）が反映された絵地図の特徴とその製作年代を考えたい。

グッショー（N. Gutschow）による『ベナレス──聖なる景観──』（2006）では9枚の絵地図を時代順位考察している。それらを列挙すると以下のようになる。

①ヴィクトリア・アルバート博物館蔵「ヴァーラーナーシー絵地図」、作者不明、18世紀初期
②デリー国立博物館蔵「ヴァーラーナーシー絵地図」、作者不明、布製、18世紀第2四半期（Kat Nr. 63935）230 × 330cm
③ Saputar īyātrādīprakasapatram、作者不明
④ Kasadarpana Kailasanatha, Stukula 作、1876年
⑤ Kasidarpanapuriti of Kranscandra Sarma, Kranscandra Sarma 作、1877年、紙製
⑥ Kasi Citra, SriGovindacanda Vandhhopadhyaya 作、1940年、紙製
⑦ Sri Kasi Pancakrosi Tirthasarthana、1970年
⑧ Pancakrosika Mnacitra, Sivananda Sarasvat 作、1991年、紙製
⑨ Kasi 地図、1975年、紙製

最初に2葉は製作年代は不詳だが18世紀前半と推定される。布製の大きなもので巡礼者が携行して聖地をまわるためのものではない。むしろヴァーラーナーシーの聖地のイメージをかきたてる広告塔のような役

割を果たすものといえよう。④はヴァーラーナシーの聖地、巡礼地、寺院などの固有名詞が 1200 以上ある最も詳細な地図である。⑦〜⑨の現代の聖地巡礼用の携帯地図のモデルも、基本的にはそれ以前の地図と同じで、実測による距離よりも、聖地の相対的位置関係や重要性、外縁を円で示すなど共通性を持つ。ここで私が強調したいのは、これら聖地の絵地図が 18 世紀以降のヴァーラーナシーのヒンドゥー寺院復興によって描かれたものが嚆矢で、それ以降、巡礼の隆盛によって、実用性を兼ねたマンダラとしてかなり大量に作成された点である（とりわけ前述の④⑤⑥）。

5 とりあえずの仮説的まとめ

本稿はヒンドゥー聖地ヴァーラーナシーを地理的な宗教的空間から考察するための前提条件として、ガンジス川中流域の仏教・ヒンドゥー聖地やイスラームのモスクまでも隣接して分布する環境の背景について、初歩的な考察を考察を試みた。以下に、今後の指針となるべきいくつかの知見を列挙してみたい。

1) 「悠久のヒンドゥー聖地」という神話は 18 世紀以降の人々の移動の増大、河川の長距離の人・物資輸送によって増幅され、現代ではグローバルなツーリズムの動きとも連動してその「神話化」が進展していると思われる。
2) ヒンドゥー教の聖地化は 18 世紀以降のマラータ王国による復興運動と関わることは重要な論点である。
3) ヒンドゥー寺院の復興、修復、ガート建設、ヴァーラーナシー市内での巡礼地の設定（大回り、小回り）など、意識的に信者を集める、あるいは居住者に聖地を可視化することを演出し

たと想定できる。

4）この「ヒンドゥー的囲い込み」によって、ムスリムの居住地はより限定された地域に縮小され、凝縮していった。しかもそこが、インドでもっとも高貴なサリー生産地として確立していくことになる。この繊維産業がヴァーラーナーシーの現在の都市経済を支えている。

　ヴァーラーナーシーはインドおける数多いヒンドゥー教聖地のなかで最も重要なものとして半ば神話化されている。死してガンジス川に流されれば、すべての罪が清められてシヴァ神のもとへ行けると人々は信じてこの地をめざした。その圧縮した市街地のなかにひじょうに多様な建築物をもち、しかも宗教別（ヒンドゥー教、イスラーム教など）、出身地別のの人口集中地区が錯綜する土地利用にも特色がある。インド各地からのバラモン階級が集まってきて、ブラーミンの比率も他市よりも高い。そのうえに聖地をめぐる多重の巡礼路が設定され、ヒンドゥーコスモロジーの反映ともなっている。これらは容易に単純化できるものではないが、今後、この考察を進めることを約束して筆を置きたい。

付記
　本稿は東西学術研究所比較信仰文化研究班の共通テーマ「「祈りの場」の諸相――聖と俗の間で――」での２つの発表「南アジアにおける聖地の景観と祈りの場――ヒンドゥー教と仏教――」（2014年12月17日）と「ヒンドゥー教における聖地の場――バラナシを中心に――」（2015年9月25日）に基づいて成稿したものである。

注
1）ウッタラーカンド州、ハリドワールの北25km、標高372ｍのヒンドゥー教聖地で「ヨガの首都」といわれる。
2）ウッタラーカンド州にあり、ガンジス川上流、地名は「神の門」でヒンドゥ

ーの神々が住むヒマラヤ山地への入り口にあたる。昔、神とアスラが不死の妙薬アムリタの入った壺を奪い合ったとき、アムリタが4滴こぼれて地上に落ちてしまった。その4滴のうちの1滴がこぼれた場所とされる。あと3滴はナーシク、アラハバード、ウッジャインに落ちたとされ、これらはいずれもヒンドゥー教の聖地となっている。
3）サンスクリット語で書かれた宗教文献の総称である。
4）現在のビハール州の州都であるパトナー（Patna）である。
5）パキスタンの北西辺境州にある現在のペシャワールである。2世紀のカニシカ王の時代が全盛であった。
6）マハラーシュトラ州のアウランガーバードの北東にあるヒンドゥー石窟寺院。
7）マハーラシュトラ州にある。7～10世紀の仏教、ヒンドゥー教、ジャイナ教の建築、壁画、彫刻が残る。
8）インド憲法は、連邦政府の公的共通語として、ヒンディー語と英語の2つの言語の使用を規定している。連邦憲法はさらに附則で次の22の指定言語を定めている。アッサム語、ベンガル語、ボド語、ドーグリー語、グジャラート語、ヒンディー語、カンナダ語、カシミール語、コーンカニー語、マイティリー語、マラヤーラム語、マニプル語、マラーティー語、ネパール語、オリヤー語、パンジャーブ語、サンスクリット語、サンタル語、シンド語、タミル語、テルグ語、ウルドゥー語。これらのなかには少数民族に配慮した言語（例：マニプル語）や、アーリア系のバラモンの伝統的インドの文化活動には用いられたが現在は死語となっているサンスクリット語なども混在しており、インドの複雑な文化・政治事情を反映している。
9）ヒンディー語、英語、アッサム語、ベンガル語、グジャラティ語、カンナダ語、カシミール語、コンカニ語、マラヤラム語、マラティ語、ネパリ語、オリヤ語、パンジャブ語、サンスクリット語、タミール語、テルグ語、ウルドゥ語の17言語。英語とヒンディー語が表面に残りの15ヵ国語が裏面に書かれている。南インドと北インドでは言語構造も単語も大きく異なり、最も話者人口の多いヒンドゥー語に加えて、英語が重視されていることを象徴している。
10）このほかに 教団本部の地であるサヘート・マヘート（祇園精舎、舎衛城）、最後の旅の地のヴァイシャリー（毘舎離城）、昇天の地（サンカーシャ：僧伽舎）を含めた8大仏教聖地も著名である。
11）さいたま市の人口がヴァーラーナシーとほぼ同じ122.2万人（2010年）で、面積は217.5 km^2、都道府県では滋賀県の人口が139.4万人（2012年）とヴァーラーナーシーとほぼ同じである。ただし面積は4,017 km^{2}である。いかに広大なインドにあっても、人口密度の高い都市のひとつといえよう。

参考文献
ソーファー、D.E. 徳久球雄・久保田圭伍・生野善応訳『宗教地理学』大明堂、

1971,（原著は 1967）．
辛島昇『地域からの世界史（5）南アジア』朝日新聞社、1992
高谷好一『「世界単位」から世界を見る』京都大学学術出版会、1996．
立川武蔵・大村次郷『ヒンドゥーの聖地』山川出版社、2009, 全 122 頁．
立川武蔵『ヒンドゥー教巡礼』集英社、2005．
外川昌彦「ベンガルの女神の聖地：バングラデシュに残されたヒンドゥー聖地を中心として」、三田社会学 No.5、2000, 41-58 頁．
中村元・肥塚隆『ガンジスの聖地（世界の聖域 6）』講談社。全 160 頁、1996．
藤村健一「近年の英語圏における宗教の地理学的研究の動向―L・コンとR・Wスタンプを中心として」立命館地理学、第 16 号、2004、71-81 頁
布野修司『曼荼羅都市―ヒンドゥー都市の空間理念とその変容―』、京都大学出版会、2006．
松井圭介「宗教の地理学」、人文地理学編『人文地理学事典』丸善出版株式会社、2013、300-301 頁．
柳沢究・布野修司「ヴァーラーナーシー（ウッタル・プラデシュ州、インド）の都市空間形成と巡礼路および寺院・祠との関係」、日本建築学会計画系論文集、第 538 号、75-82 頁, 2004．
柳沢究・布野修司「ヴァーラーナーシー（ウッタル・プラデシュ州、インド）におけるモッハラの空間構成」、日本建築学会計画系論文集、第 623 号、153-160 頁、2008．
Niels Gutschow. *Benares: The Sacred Landscape of Vāranāsī*, Edition Axel Menges, Stuttgart/London, 2006.
Rana P.B. Singh. *Banaras, the Heritage City of India: Geography, History, and Bibliography*, Indica Books, Varanasi, 2008.
Rana P.B. Singh and Parvin S. Rana. *.Bnraras Region. A Spiritual and Cultural Guide*, 2nd., 2006.

19世紀初期までの
ズィールーの基礎的検討
――ヤズド州内の 32 枚の事例から――

吉 田 雄 介

1 はじめに

1-1 目的とこれまでの経緯

　本研究は、筆者が観察したサンプルに基づき 19 世紀初めまでに織られたズィールー（$zīlū$）という綿製敷物の基礎的な検討を行なうことにある。

　ズィールーとは綿製の丈夫な敷物のことである。外見的な最大の特徴は、文字を織り込まれた点にあるだろう。今では機械織りの化繊のカーペットに代替されたが、ひと頃まではイラン各地の宗教施設で使われていた。そして、ペルシア絨毯を除けばイランの手工業は今では衰退が甚だしい。この敷物もその例にもれず、生産者の減少と高齢化が進み、最近では技能養成事業としてあるいは趣味の習い事として教室でズィールーを教えるこころみもなされているが、うまく技術の継承にはつながっていないのが現実である（吉田, 2011）。

　筆者はかつて、生産者への聞き取りや生産者組合の文書類から近年の産地の生産動向について検討し、西暦 1950 年代に入るとズィールー生産がメイボド地域全域の集落に普及し、一時は数千人がこの織物を織ったものの、1970 年代に入る頃から次第に衰退し、筆者が最初に調査を

実施した2000年代初頭には数十人の生産者にまで減少したプロセスを明らかにした（吉田2002 & 2005）。

1-2　ズィールーの特殊性に注目して

　こうして産地の近年の変化についてはそれなりの知見が得られた。ところが、産地の過去の姿は容易には明らかにならない。この点を考察するために、苦肉の策として、この織物が宗教関連施設に寄進される際には、その旨が短い文章として織り込まれる特殊性に注目した。文献史学の研究者からみれば、取るに足らない史料ということになろうが、手織物に関してはこうした文字資料は少なく、こうしたものでも貴重な資料となる可能性がある。

　以上の問題意識に基づき筆者は、宗教施設で敷物として実際に使用されているズィールーそれ自体を検討対象にすることにした。まず、吉田（2015a）において、メイボド地域およびその周辺の十数ヶ所の宗教施設で使用されている敷物を悉皆的に調査した。その結果、新しいものほど数が多いのは当然であるが、古いものもそれなりの数が残っていることが確認できた。それを踏まえて、吉田（2015b）では、ズィールー生産の核心地域であるバシュニーガーン地区にある一マスジェドにおいて使用されているズィールーを検討することで寄進のパターンを確認した。そして、吉田（2016）では、若干タイプの異なるズィールー（個人的な寄進ではなく、ファンドの収益から寄進されたもの）について検討した。こうした検討の結果、ズィールーが産地の変化を知りうる史料になる可能性がわかった。

　ズィールーに書かれた文章の採収やサイズの計測に関してはヤズド州内で複数の研究がある。たとえば、ズィールーを専門に検討したものとしては、アルダカーン（Ardakānī, A. J., 2007）、メイボドおよびその周辺（Pūyā, 2012）、ロスターグ地域（Edāre-ye Koll-e Farhanq va

Ersād-e Eslāmī-e Ostān-e Yazd, 1998）などがある。また、地方誌の中でも一部の頁をズィールーに織り込まれた文章に割いたものとして、アルダカーン（Ardakānī, P. N. 2007）、タフト（Dehqhāniyān, 2007）、アリア―バード地域（Ahmadiyān, 2009/10）などがある。筆者自身の収集した情報とこうした既存の研究とを併せて分析すれば、資料はより豊かとなるのは確かであるが、問題となるのは、後述するようにこうした研究で挙がっているものにも読み間違いなどが多々含まれるという点である。したがって、精査が必要なため、今回は他の研究者が観察した文章は使用しないことにした（もちろん、私自身の研究にも読み間違いが含まれると思われるので御指摘頂ければ幸いである）。

　そこで本稿では、ひとまず筆者が現地でアクセスし得た西暦19世紀初めまでのズィールーを取り上げ、この比較的古いズィールーに織り込まれた文字やデザイン、職人の名前に注目した分析を行ない、当時のズィールーに共通する点の基礎的な考察を試みることにしたい。いずれにせよ個人の力では収集できるデータには限りがあり、今後あらゆる知見の報告が期待されている。その点で、本研究は、今後の研究の基礎的な情報の提供になると考える。現地での研究に資するように稿末にペルシア語の文章を掲げた。

1-3　対象

　本稿ではズィールーという敷物に織り込まれた文字を収集し、それを分析するが、対象とするズィールーはイスラーム暦1223（西暦1808/09）年までのものに限定した。この年で区切ることに大きな意味はないが、あえて言えば、このあたりで職人の世代が切り替わるように思うからである。数は、タフトの博物館（Mūze-ye Taft）の1枚を含めると合計32枚になる（表1）。博物館を含めて16施設で確認できた。織手の名前は合計13名で、25枚に織り込まれている。なお、西暦18世紀後半

表1　対象としたズィールー

西暦	16世紀	17世紀	1701/02〜1725/26	1726/27〜1750/51	1751/52〜1775/76	1776/77〜1800/01	1801/02〜1808/09	計
枚数	1	2	1	—	4	16	8	32
(読み間違いの可能性)						(4)		(4)
織手の名前入り	1	2	1	—	3	11	7	25
メヘラーブ柄	1	2	1	—	3	10	8	25

からズィールーの数は増える。18世紀後半は、10名の織手を数える。ワクフ（*vaqf* 土地などの宗教寄進財）からの収益で織ったいわゆる「ワクフェ・マーロルエジャーレ（*vaqf-e māl-ol-ejāre*）」のズィールーは3枚（No.5、6、28）のみである（なお、文中の「No.」は以下の表2の左端の番号に対応する）。また、マドラセに寄進されたものが地方のマスジェドに中古品として払い下げられたものが2枚（No.7 & 21）ある[1]。

　古いものの中には博物館に所蔵されているものや州の文化財保護局（Edāre-ye Kol-e Mīrās-e Farhangī）が保護したものも多い。また、調査を断られた施設もある。筆者は狭義のメイボド地域から調査を始め、次第に周囲に調査を広げた。今回の32枚の中で、狭義のメイボド（メイボド、バシュニーガーン、クーチェバーグの旧3集落）の施設に敷かれているものは3枚に過ぎない。周囲の集落を含めた広義のメイボド地域に広げると7枚に増え、さらに現在のメイボド・シャーレスターン（*shahrestān*）に拡大すると12枚になり、今回のサンプルの3分の1がこの範囲に含まれることになる[2]。また、メイボドの北に位置するアルダカーン・シャーレスターンについては5枚を確認した（図1）。

　寄進年が織り込まれていない場合であっても、その表記内容や他のズィールーとの関係から明らかに西暦19世紀初め以前と考えられるものもある（吉田, 2016）。ただし、こうした年が織り込まれていないズィールーに関しては今回の分析からは省いた。

19世紀初期までのズィールーの基礎的検討

表2 今回対象としたズィールー（32枚）

番号	施設名	場所	年	西暦	名称	柄 タテ	柄 ヨコ	タテ(cm)	ヨコ(cm)	コンディション	職人番号	オスタード名
1	タフトの博物館	タフト	963	1556	メヘラービー（以下、M）	2列	6柄	計測不可			①	Shams Qutb al-Din Meybodi
2	Masjed-e Jame（以下、M・J）・ハフタドール	ハフタドール	1075	1665	M	2列	5柄	137	352	たて方向が一部切断	②	Haji Baqer Meybodi
3	M・J・ハフタドール	ハフタドール	1083	1672	M	2列	5柄	270	300	頭が切れている（別に断片あり）	②	Haji Baqer Meybodi
4	M・J・ノーデシャーン	ノーデシャーン	1113	1702	M	2列	7柄	250	620	一角が切れている	③	Mohammad Mehdi al Meybodi
5	M・J・アブランダンバード	アブランダンバード	1176	1763	M（向きはヨコ、つまり織り込まれた文字と平行）	5列	5柄	297	590		④	ʻAli Beik valad-e ostad-e Haji al-Meybodi
6	M・J・アブランダンバード	アブランダンバード	1178	1764	M（向きはヨコ）	計測できず	6柄	267	810	頭の部分が切れている	④	ʻAli Beik valad-e ostad-e Haji al-Meybodi
7	M・サーヘブアルザマーン	ハージーアーバード	1185	1771	ビーレトゥハーリー			60	312	一部のみが残る（文章は最後の部分のみ残る）	④	ʻAli Beik ebn-e ostad-e Haji al-Meybodi
8	M・ハージー・モッラー・ホセイン・デーバード	デーバード	1189	1775/76	M	2列	3柄	183	319			なし
9	M・ハーフェズ	バシュニーガーン	1190	1776	M	2列	9柄＋1柄（最後はメヘラーブ柄に織り切らず）	277	830	一角（46×76cm）が切れている	⑤	Kafi valad-e Kashf
10	M・J・ファフラジ	ファフラジ	1197	1783	M	2列	8柄	170	550		⑥	Abutaleb valad-e Abu al-Hadi
11	M・J・ノーデシャーン	ノーデシャーン	1202	1787/88	M	1列	8柄	118	494		⑦	Sadeq ebn-e Esm
12	M・ザルアスマ	バシュニーガーン	1204	1789/90	M	2列	10柄＋1柄（最後は織り切らず）	247	730	一角が破れている	⑧	Mohammad (Mohammad ʻAli) ebn-e Qasem ʻAli
13	M・エブラヒーマーバード	エブラヒーマーバード	1204	1789/90	名称不明			230	575	頭の部分がほんの少し切れている		(ʻAli Reza) ebn-e Kafi ʻAli Reza
14	M・サーヘブアルザマーン	ハージーアーバード	1204	1789/90	M	3列	8柄	252	637		⑩	(?) ebn-e ʻAta ʻAbd al-Karim ʻEzabadi
15	M・J・ロクナーバード	ロクナーバード	1205	1790/91	ケレ			187	205			なし
16	M・J・シャヴァーズ	シャヴァーズ	1207	1792/93	ビーレトゥハル			370	503			なし
17	M・J・ハージーアーバード	ハージーアーバード	1207	1792/93	ケレ			152	290	たて方向が一部切断		なし
18	M・ザルアスマ	バシュニーガーン	1208	1793/94	M	2列	9柄＋1柄（最後は織り切らず）	242	745	端の70×70cmは切れている	⑧	Mohammad ʻAli Qasem

201

(続き)

番号	寄進先	寄進者	年	(year)	寄進物	列	柄	数値1	数値2	注番号	織手	備考
19	M·J·ジャヴァーズ	シャヴァーズ	1209	1794/95	ピーレトックボル	3列	9柄	337	500	⑨	'Ali Reza	
20	M·サーヘブアブルザマーン	ハージーアーバード	1210	1796/97	M			268	630		なし	一部分が開いている
21	M·サーヘブアブルザマーン	ハージーアーバード	1210	1806	ピーレトックハーリー			90	200			別にもう1つ断片が残る
22	M·J·ノーデシャーン	ノーデシャーン	1212	1797/98	M	1列	5柄	127	528	⑪	Shāh Hosein Ashkzari	
23	M·アホンド	フィールザーバード	1213	1798	M	2列	15柄	234	1194	⑦	Ostad-e Sadeq valad-e marhum-e Esmā'il sāken-e qarye-ye mazbur	
24	M·アホンド	フィールザーバード	1213	1798	M	2列	15柄	170	1104	⑦	Sadeq valad-e Esmā'il	中の数十センチ分が破れている
25	M·ハーフェズ	パシュニーガーン	1217	1802/03	M	2列	4柄+1柄（最後は織り切かけ）	260	350	⑫	Qasem	
26	M·J·ヤズド	ヤズド	1220	1805	M	1列	8柄	157	624	⑥	Abutaleb valad-e Abualhadi	
27	M·J·ヤズド	ヤズド	1220	1805	M	2列	5柄	計測不可		⑥	Abutaleb valad-e marhum-e Aqa Abu al-Hadi	頭の部分がかけている
28	M·スィールデ	ハルダカーン	1221	1806	M（向きはヨコ）	3列	10柄	273	930	⑤	Kafi valad-e Kashf al-Meybodi	
29	M·J·ヤズド	ヤズド	1221	1806	M	2列	8柄	303	812	⑫	Qāsem Mohammad 'Ali Meybodi	
30	M·J·ノーデシャーン	ノーデシャーン	1222	1807	M（向きはヨコ）	3列	3柄	180	310	⑤	Kafi Kāshf Meybodi	
31	M·ハフタドル	ハフタドル	1223	1808	M	2列	8柄	304	656	⑬	Ashraf valad-e marhum-e 'Aziz Beik Meybodi	
32	M·スィールデ	ハルダカーン	1223	1808	M	2列	6柄	261	530		なし	

番号	年	寄進の動詞	寄進関係の記載内容（寄進者／寄進物／寄進先）	寄進の条件	年に関する記載内容（年 sane／記年 tahrir／に fi or afi／月 shahr／月名）	織手に関する記載内容	注
1	963	なし	なし／なし／〇	なし	〇／／／／ラマザーン	本人	赤い部分あり
2	1075	ast	〇／〇／〇	なし	〇／〇／〇／／ラマザーン	本人	赤い部分あり
3	1083	kard	〇／〇／〇	なし	〇／〇／〇／〇／ジャマーディユルアッヴァル	本人	赤い部分あり
4	1113	破損	〇／〇／〇	なし	〇／〇／〇／／ラマザーン	本人	文親
5	1176	namud	〇／〇／〇	あり	〇／〇／〇／〇／セイ	本人 ヴァラデ	文親　ワクフ·マーロルエジャーレ
6	1178	破損	破損／〇／〇	なし	〇／〇／〇／／ラビエル·アーヘリー	本人 ヴァラデ	文親　ワクフ·マーロルエジャーレ
7	1185	破損	破損／〇／〇	なし	〇／〇／〇／〇／ジャマーディユルサーニー	本人 エブネ	文親
8	1189	namud	破損／〇／〇	なし	〇／／／／	なし	マドラセ用の中古品

202

19世紀初期までのズィールーの基礎的検討

No.	年	種類			条件				名前	関係	続柄	備考
9	1190	namud	○	○	あり		○					
10	1197	namud	○	○	条件はないが、違反者については言及あり	○	○		ジャマーディー	本人	父親	
11	1202	namud	○	○	なし		○		ラマザーン	本人	ヴァラダ	赤い部分あり
12	1204	namud	○	○			○			なし	エブネ	M・ザルアスマが改修中で、M・ミールガブールの倉庫に仮置き
13	1204	namudand	○	(織り落とした?)	あり	○				なし	エブネ	祖父 相父 1254年の可能性あり
14	1204	namud	○	○	なし					なし	エブネ	
15	1205	namud	○	○	なし	○				なし	父親	
16	1207	namudand	○	○	あり				数字のみ	なし		1257年の可能性あり
17	1207	shod	なし	(織り落とした?)	なし		○			なし		1257年の可能性あり
18	1208	namud	○	○	条件はないが、違反者については言及あり					本人	父親	M・ザルアスマが改修中で、M・ミールガブールの倉庫に仮置き
19	1209	namud	○	○	なし				数字のみ	本人		1259年の可能性あり
20	1210	namud	○	○	なし	○				なし		
21	1210	破損	破損		なし					本人		マドラセ用の中古品
22	1212	kard	○	○	あり		○		ラビエ	本人	ヴァラダ	
23	1213	namud	○	○	条件はないが、違反者については言及あり	○	○		ラマザーン	本人	父親	
24	1213	namudand	○	○	なし		○		ジャマーディー・アッサリー	本人	ヴァラダ	赤い部分あり
25	1217	namud	○	○	条件はないが、違反者については言及あり	○	○		ラビエ	本人	父親	
26	1220	namud	○	○	あり		○			本人	ヴァラダ	
27	1220	破損	破損			○	○			本人	父親	
28	1221	namud	○	○	あり		○		ラマザーン	本人	ヴァラダ	ワクフ・マーロルエジャーレ
29	1221	namud	○	○	あり		○		ジャマーディヨル・アッヴァリー	本人	父親	
30	1222	namud	○	○	なし	○	○		ラビエ	本人	ヴァラダ	
31	1223	ast	○	○	なし	○	○			本人	父親	
32	1223	namud	○	○	なし	○	○			なし		

203

最後に、今回の分析の問題点をあらかじめ挙げておきたいと思う。ま
ず、先にも述べたように①筆者が観察しえたサンプルの数が少ないとい
うことを挙げねばならない。同じく、②産地であるメイボド地域の宗教
施設を見学し、さらにその周辺に調査対象を広げたため、どうしてもメ
イボドおよびその周辺に限定される情報となる。イラン各地、あるいは
イラン周辺の宗教関連施設に寄進された膨大なズィールーには筆者一人
の手では到底およばない。さらに、③筆者が観察できたズィールーにつ
いても完全な形で残存するものはそれほど多くない。すなわち、一部が
破損しているもののあれば、汚れていることで文字が読めないズィール
ーも少なくない（No.7はかろうじて文末のみが残り、年や職人名が残
るので対象に含めた）。また、数字が「0（・）」なのか「5（◊）」なの
か判別することが難しいものも含まれる（図2～5）。あるいは、文字

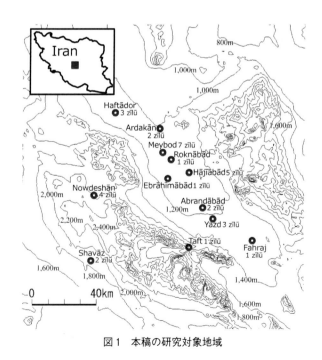

図1　本稿の研究対象地域

図2 No.2のズィールー（部分）　　図3 No.15のズィールー（部分）

図4 No.16のズィールー（部分）　　図5 No.19のズィールー（部分）

の織り間違いなども少なくない。こうした事情からRafi（1998, p.379）は、番号2（図2）のズィールーの年を「1070年」と読んでいるが、筆者はこれを「1075年」と読んだ[3]。

以下、Ⅱにおいて18世紀初めまでのズィールーについて織り込まれた文章の内容その他を検討し、Ⅲにおいて18世紀後半以降のそれについて検討する。最後に、Ⅳにおいて簡単な本稿のまとめと今後の研究の留意点を考察する。なお、末尾に今回対象としたズィールーの文字とその日本語訳を付した。

2 18世紀初めまでのズィールー

2-1 はじめに

　今を遡ること五百年、すなわち西暦16世紀に織られたズィールーになるとさすがに現場にはなく、博物館の陳列ケースに収められている。そこで参考までにタフトの博物館（Mūze-ye Taft）に収められた1556年のものを参照する。このズィールーは合計14枚製作され、同博物館に隣接するマスジェド・ジャーメ・ハーネガに寄進された有名なもので、テヘランの絨毯博物館（山崎秀司・山崎由美子、2002、168頁）やカイロの博物館（Itting, 1992）にも収蔵されている。Itting（1992）は、14枚の内現存する3枚のズィールーを比較、検討しているが、それによればサファヴィー朝第2代シャーのタフマースブ1世の時代に王族が寄進したものである。
　現在宗教施設で実際に使用されている最古のものは、17世紀中期以降のものとなる。この時期のズィールーについては筆者がアクセスすることのできた数は多くないが、以降の製品との比較にも役立つと考えられるのでまずこの時期の特徴を確認しておきたい。
　筆者は、17世紀のモノを2点（断片を除く）、18世紀初のものを1点確認している。時期としては、サファヴィー朝の第7代シャーであるアッバース2世（1642-1666）の治世の末期と8代サフィー2世（1666-1694）の治世および9代スルターン・フサイン（1694-1722）の治世である。この時期のものは一部が切れていたり、ひどく汚れていたりはしているが、比較的良いコンディションで残っている。

2-2　18世紀初めまでのズィールー

　特徴を考える前提として、ズィールーに織り込まれる基本的な文章について説明しておきたい。現在のズィールーには、①寄進した旨、②寄進者の名前、③寄進の目的、④寄進物（枚数など）、⑤寄進先（細かい用途の指定がある場合もある）、⑥寄進の条件、⑦寄進年に加えて、⑧ズィールーの納入に尽力した人物名や⑨ズィールーを製織した親方の名前が入る。なお、⑩寄進財産（ワクフ）設定された財産の収益でもって織られたズィールーの場合は、購入費用の出所などが入る。文字を減らすために、先に出た地名は、「前記（mazbūr）」や「前述（mazkūr）」などと略される。そして、こうした文章の内容や使用される用語は時代により変化がみられる。

　まず、No.1 から4に織り込まれた文章を要素に分解してみる。なお、一覧表（表2）を作成したので、それを参照して欲しい。現在のそれとの違いには触れることができないが、この点については吉田（2015b）を参照されたい。

　No.1に織り込まれた情報は、寄進した旨、寄進先、寄進年（「タフリール tahrīr」は、「記した」ということになるが、ズィールーの場合は「織り込んだ」ということになる）織手の名前である。つまり、サイズの問題で、動詞が省略され、また何を寄進したのか、あるいは寄進者の名前も省略されている。なお、こうした情報も同種の14枚の中でサイズの大きいものには明記されている。

　No.2と No.3 はハフタドール地区のマスジェド・ジャーメで使用されているものであり、メイボドから40km ほど離れているが、街道沿いの集落である。この古い2枚は同一の織手であり、「メイボドの人（Meybodī）」と入っているようにメイボドの職人が織ったものである。No.2はサイズが小さいために、誰が寄進したのかを示す寄進者の記載は略されている。No.3には、寄進者の名前が織り込まれており「バー

ルジーンの人（Bārjinī）」とある。バールジーンとはメイボド地域の一集落であり、寄進者も織手もメイボド地域と関係が深い人物であることがわかる。この17世紀の2枚は、ハージー・バーゲル・メイボッディの作である。

　No.4 はノーデシャーンのマスジェド・ジャーメのものである。ノーデシャーンは、今ではメイボド・シャーレスターン（県）に行政区としては含まれるようになったが、もともとはヤズド市の西にあるタフト地区との関わりの深い地域であった。メイボド地域からは南西方向の山裾にある町である。No.4 の記載内容も先の No.2 と 3 と大きくは変わらない。

　以上の4枚の特徴として一見して気づくことは、寄進の条件が織り込まれていないという点である。後のズィールーには持ち出しを禁ずる旨と禁を犯した場合には呪われる旨が明記される場合が多い。また織手の名前も「息子（valad-e, ebn-e）」という単語が使用されていない。しかしこうした特徴には注意が必要である。というのも、他の研究者の観察した同時期の事例ではこの種の表記のズィールーも存在するため、サンプルの数の少なさを考慮する必要がある。寄進の動詞にナムーダンという動詞が使われていないのもサンプルの数の少なさのためである。この点は、十分な考慮が必要であり、サンプルが少ない状態での特徴の抽出には問題がはらまれることを示している。

　外見的な特徴としては、マスジェドに寄進される通常のズィールーは、青と白（ābī o sefīd）の2色から織られる。ところが、この3枚（No.2〜4）の外面的な特徴として共通しているのは、青・白の中に赤・白（kermez o sefīd）の2色で織られた部分が交じることである。No.2 の方は、メヘラーブ柄の部分は青・白であるが、メヘラーブ柄の間の部分が赤・白になっており、合計6ヵ所が赤・白で織られている。No.3 の方は3ヵ所のメヘラーブ柄が赤・白、2ヵ所のメヘラーブ柄が青・白で織られている。No.4 は、4ヵ所のメヘラーブ柄が赤・白、3ヵ所のメヘラーブ柄が青・白で織られている[4]。

先に触れたように、No.2 と No.3 はハージー・バーゲルという同じ織手であるが、同じ織手の作であっても配色は大きく異なる。なお、ハージー・バーゲルについては、ズィールー博物館に1069年の「ムハンマド・バーゲル・メイボッディの作」が展示されているから、これがハージー・バーゲルの父親と考えられる。そして、このズィールーにも赤い部分が交じっている。

　このタイプの赤が交じるズィールーは、筆者はこれまで数千枚見た中で数枚しか目にすることができなかった。この地域は赤の染料であるアカネの産地であるから、この色自体の使用は珍しいことではない。そして、この赤が交じることが何を意味するのかは、今の織手に尋ねても答えられない。同様に、古い柄の中には現在の織手に尋ねても名称を知らないものも存在する。産地といえども知識が完全に引き継がれるわけではないのである。

　なお、今回対象としたズィールーについては、後の No.11 と No.23 に赤白部分が交じる。なお、No.11 のノーデシャーンのものはメヘラーブ柄とメヘラーブ柄の間の1ヵ所のみが赤・白で織られているに過ぎない。No.23 についてはメヘラーブ柄の間の5ヶ所と最末端部分の1ヵ所の合計6ヵ所に赤白で織られた部分が交じる。なお、この18世紀後半に織られた赤白の混じる2枚はどちらもサーデグという親方が織ったものである。ズィールー生産が一時的に衰退したと考えられる18世紀前半に、この赤白の交織が一度断絶したのか、それとも引き継がれたのか、この事例だけからはわからない。ひょっとするとノーデシャーンの赤白が交じったズィールーを目にしたハージー・バーゲルがそれをヒントに同じノーデシャーンに寄進するズィールーに控えめに赤白を交えた製品を織ったとも考えられないこともない。

　ここまでの内容を手短にまとめると、①筆者が観察したズィールーは小型のものが多かったため織り込まれる記載内容が略されているものも多いが、これはサイズの問題に過ぎず、大型のものであれば通常の情報

が織り込まれている。②年の表記方法は、アラビア語風の凝った表記がなされている。③職人名の「メイボド人（Meybodī）」には「アル（al）」という定冠詞がつかない場合が多い。④外見的な特徴としては、一部に赤白の配色が交じるものが多い。

3　18世紀後半以降のズィールー

　この後、ズィールーは暫く目にすることができなくなる。再び数が増えるのは18世紀後半を待たねばならない。この数が増えたズィールーは、先に見た17世紀末から18世紀初頭のそれと同じであろうか。

3-1　表記方法の側面

　まず、表記の方法からは何を読み取ることができるのだろうか。文章の冒頭に記される寄進の旨については、使用される動詞に大きな差はない（表2）。
　次に末尾の寄進年の表記方法を確認しておこう。現在のズィールーでは用いられない凝った表記方法が見られる。たとえば、古いもの（No.1

図6　No.2（年の部分）

〜4）は、聖なるラマダーン月に記す（taḥrīr-e afī shahr-e Ramazān-e al-mobarak）などアラビア語風の単語で書かれる場合が多い（図6）。しかも、縁起の良いラマダーン月が多い。

　一方、18世紀の中期の3枚は同一の織手の作であるが、当初は「タフリール」と織り込まれていない（No.5とNo.6）。ただし、この2枚は数字もアラビア語で併記されているように、アラビア語風の表記の要素も強いので、「タフリール」という表現を欠く理由が良くわからない。そして、後の1771年（No.7）の作では17世紀のそれと変わらない表記になっている。これが時期的な差なのかは、筆者がこれまでに確認できたこの織手の作品数が限定されるため判断ができない。

　これとは別に、1780年代の後半から総じて年のみの表記の製品ばかりになる。それが19世紀に入ると再び、アラビア語風の表記が復活する。これを筆者が目にしたズィールーだけの特殊な事情なのか、この時期のズィールーの一般的な表記方法なのかどうかの即断はできないが、やはりこの時期に一時的に変化があったとみるのが自然だろう。なお、今回対象とする期間内については、この一時期を除けば、表記自体に変化はないといえる。

　そもそもズィールーがどのような経路で注文されたのか、そしてどのような情報まで職人に伝えられたのかはわからない。おそらく商人のネットワークでメイボドの職人に注文が各地から伝達されたと推測される。少なくとも、ズィールーに織り込まれる寄進者の氏名や寄進先などの情報は織手に正確に伝えられなければならない。サイズについてもマスジェドの幅と同じ大きさの製品も少なくないことを考慮すれば、伝えられた可能性が高い。ほんの少し前まで、ヤズドのバーザールの敷物商からメイボドの絨毯商（かつてズィールー職人だった絨毯の仲買人）にズィールーの注文がなされていたから、当時もさほどかわらなかったのではないだろうか。ただし、文章の全文が商人経由で注文者から送られたわけではなく、ある程度の文章のフォーマットが産地側にあったと考えら

れる。その点で、1780年代の後半からしばらくフォーマットが変わった理由の説明がつかない。

3-2 職人名の側面

次に、職人の名前からは何を読み取ることができるだろうか。ズィールーの文章の末尾には職人の名前が織り込まれることが多い。宗教施設に寄進され、永遠に自分の名前を残すことになる。

18世紀後半のズィールーの織手は「ハージー・アルメイボッディ親方の息子アリーベイクの作」（No.5～7）と織り込まれているから、18世紀前半にはアリーベイクの父親である「ハージー・メイボッディ」という親方がいたことが判明する。実際に18世紀前半のものとしては、ズィールー博物館に1151（1738/39）年の「ハージー・メイボッディ」の作品がある。18世紀前期のズィールーは残存数が少ないが、これは当時織られたズィールーや職人数も少なかったと考えるのが自然であり、この時期はズィールー産業が少数の織手によって存続したと考えられる。

ズィールーの数が少ないという理由は幾つかの可能性が考えられる。たとえば、消費者側の問題としては、①寄進できるような経済状況ではない、つまり経済の低迷期だった。②敷物の寄進が行なわれるマスジェドの新築や改築が停滞していた。つまり、宗教的な停滞期であった。消費者と産地を繋ぐ問題としては、③政治・経済的な混乱により商人のネットワークが分断されていた。産地の問題としては、④メイボド地域などで伝染病や洪水が生じ産地が生産できる状況になかった。複数の理由が考えられるが、今は判断できるだけの情報を筆者は持ち合わせていない。

また、ズィールーに織り込まれた職人の名称の数も18世紀後半以降については、10人にすぎない。この数の少なさについても後で述べるように複数の解釈が可能である。

ズィールーに織り込まれた職人名は、本人の名前が織り込まれる場合

であっても、「〜の息子（*valad-e, ebn-e*）」という表記になることが多い。そして、自分の名前を記さずに、父親の名前しか織り込まない場合も多い。この「〜の息子」という表記から父親あるいは祖父の名前が判明するが、この時期については親がズィールー職人であったかどうかがわかる事例は少数である。先のハージー・メイボッディとその息子のアリーベイクの関係は例外的である。今回の事例では、ムハンマドアリー（No.18）とガーセム・ムハンマドアリー（No.25とNo.29）は親子関係である（ちなみにその祖父の名前はガーセム、さらにその父親はムハンマドアリーであることはたどりうるが、職人だったかまではわからない）。また、No.12のズィールーには「ガーセムの息子の作」としか記されていないが、この息子が「ムハンマドアリー」であることは先の2枚から判明する。しかし、19世紀初めの時点では、ズィールーに織り込まれた文字からはオスタードの親子関係をたどることが難しい。ここでの検討時期からは漏れるが、19世紀の中期以降であれば、今にまで家系をたどりうるズィールー親方の家系を複数見出すことができる。

　先のガーセム（No.25とNo.29）は、その祖父から名前をもらったわけであり、これはイランでは良くあることである。これと関連して問題となるのは、ズィールーの数が少ない場合には、祖父なのか孫なのか判断が難しい場合があることである。また、名前が父親から子供に切り替わる時期も不明である。父親が死んだから自分の作品として織ったのか、それとも自分が独立した後は自分の作品として織ったのか、あるいは独立していない場合は自分の名前で織ることも父親の名前で織ることも時と場合によってあったのかもしれない。ある程度の織手がいなければ、ズィールー産業自体が存続しないはずであるから、その点を考慮すれば、父親の下で独立せずに織ったと考えるべきだろう。

　なお生産形態の点では、親方・徒弟制がズィールー生産の特徴である。ズィールー製織作業は、大型の織機に張ったタテ糸の間に、頭上に設置した糸綜絖を操作しながらヨコ糸を通して柄や文字を織りだしていくと

いう熟練の必要な作業を担当する親方と、親方が経糸の間に通したヨコ糸を緯打具でもって叩き締めるという単純作業を担当する徒弟の仕事に区分できる。おそらく、かつては周辺集落から集めた徒弟を使って企業家的に多数の織機を経営する者は少なかったと考えられ、家族工業的な性格であったと考えられる。したがって、親から子へ家業的にズィールー生産は受け継がれたのであろう。

3-3　デザインの側面

　今回対象としたズィールーについてはその多くがメヘラーブ柄、いわゆるメヘラービーと呼ばれる柄である。すなわちキブラの方角を示すメヘラーブ（ミフラーブ mihrāb）、日本語では「聖龕」がモチーフとして織り込まれているのがメヘラービー（メヘラーブ柄）である。デザインの個別の検討は別稿に譲ることにするが、簡単に写真で確認しておきたいと思う。図7は、メヘラーブ柄が文字と平行に織り込まれたタイプである。具体的には、表に示したように、文字に沿ってタテ3列、ヨコ10柄の合計30個のメヘラーブが織り込まれている[5]。

　実はこの種の織り込まれた文字に対して平行にメヘラーブ柄が配置されたズィールーは数が少なく、文字に対して垂直に柄が配置されるズィールーが一般的である。こうした柄の中には今の織手に名前を尋ねても答えられない柄もいくつか見られる。ズィールーの配色に触れた部分でも述べたように、ズィールー織りの技術は今日まで完全に継承されているわけではないのである。

　なお、メヘラーブ柄以外のデザインでは職人名が織り込まれない場合が多く、また年の表記も単に「1204年」とだけ、あるいは「1209」としか書かれておらず簡素な表記であることが多い。いずれも寄進物ではあるが、メヘラーブ柄の方がより丁寧な記載内容となっている。メヘラーブ柄以外が少ない点の解釈としては、そもそもメヘラーブ柄以外が織

19世紀初期までのズィールーの基礎的検討

図7　No.28

られなかったとも、あるいはメヘラーブ柄以外はすでに破棄されてしまったとも考えられる。しかし、この時期は寄進されるズィールーはメヘラーブ柄のしっかりとした製品が多かったというのが最も納得のいく解釈であろう。

またデザインはメイボドに寄進されているものよりも有名な大マスジェドに寄進されたものの方が一目で優れた製品であることが分かる。ヤズド市のマスジェド・ジャーメはイランでも有名なマスジェドの一つであるが、そこに寄進されたアブーターレブ作の2枚は特にすばらしいものである（No.26と27）。また、サーディの『ゴレスターン』の一節も織り込まれている。アブーターレブが稀に見る優れたズィールー職人であったこともあろうが、大マスジェドに寄進されたズィールーは、寄進者が金の糸目をつけず、優秀な織手を選び、凝ったデザインで発注し、さらに織手も大マスジェドに自分の名前が残ることから全身全霊をかけて織ったものと思われる[6]。

4　おわりに

18世紀初めまでのズィールーの特徴については先に小括を済ませておいたので、ここでは18世紀後半以降のズィールーについて明らかになった点をまとめておくことにする。まず、18世紀後半以降のものも表記内容については、それ以前のズィールーと大きな差はない。ただし、1780年代からしばらく表記内容が簡素化されており、この時期メイボド地域で何か大きな変化が生じた可能性がある。そして、この変化は継

続せず、しばらくすると再び表記内容は元通りになっている。

　職人名については、本稿が対象とした18世紀後半からの数十年、すなわち西暦1763年から1808年の間には10名の名前しか確認できなかった。筆者が未見の職人名が織り込まれたズィールーは数多く存在するが、それを含めたとしても職人名はそれほど増えないはずである。職人名の少なさの理由は、この時期に職人が少なかったこともあろうが、名前を刻まなかった織手は少数の有力な親方の名前で織っていたために職人数が見かけ上少なくなった可能性もある。ある程度の織手がいなければ、産業自体が存続しえないから、それなりの数の織手がいたと考えるのが自然であろう。

　デザインに関しては、アラビア語風の凝った表記のメヘラーブ柄が中心である。ただし、織手の技量が一目見てわかる作品も多い。

　18世紀前半はメイボドのズィールー生産にとって困難な時期であったと考えられるが、その時期を何とか生き抜いたズィールー生産は、本稿の検討時期に関してはそれ以前とほぼ変わらない形で存続することができたといえる。

　最後に、今後ズィールーから産地の動向に関する研究を進める上での留意点に言及しておきたい。第一に、サンプル数の少なさのために複数の解釈が可能な場合が多いので、他の研究者の調査した事例も考察対象に含めるべきと考える。ただし、その際には文章の読み間違いなどの可能性を十分考慮して利用すべきである。

　第二に、今後は、ズィールー産地をより広いコンテクスト、つまりイラン史のなかに位置づける必要があるように思う。政治史中心の歴史学の「歴史」と、産地の「歴史」は同じなのだろうか。メイボドのズィールー職人の歴史は、いわゆるイラン政治史とは異なる歴史を生きたはずであり、その点には十分な注意が必要であると思う。産地の歴史の解明は困難な作業であるが、サンプルの数を増やし、文字やデザインの変化等を丁寧に検討すれば、明らかにできると考える。

付記

本稿の執筆にあたっては、科学研究費補助金（基盤研究(C)『途上国の手工業研究の総合に向けた地理学的試み―既存研究の批判的整理と実地調査から』研究課題番号：25370926、研究代表者：吉田雄介）を使用した。

注

1) 最近でもこのようなマドラセからの中古品の払下げはおこなわれている。マスジェドに寄進されたものは条件が厳しいが、マドラセの場合はそれほどではないからである。
2) 現在ではノーデシャーンもメイボド・シャーレスターン（県）に含まれるようになっている。
3) この種の読み間違いは多い。たとえば、ヤズド地域を中心とするイラン史の研究で名高い歴史学者イーラジ・アフシャールも、現在はズィールー博物館に収められているズィールーに織り込まれた年を当初は「808年」と読んでいた（Afshār, 1969, p.86）。ところが、後にこれはミスプリントであったとして、「1188年」に訂正している（Afshar, 1992, pp.35-36）。
4) マスジェド・ハフタドールには別に赤い部分が交じった断片も存在しているが、残念ながらこのズィールーは文字の部分は切れて失われている。
5) それぞれのメヘラーブ柄は複数の種類の柄の組み合わせから構成されている。
6) ズィールーではないがイラン最大の巡礼地であるマシャッドのエマーム・レザーの聖廟には、今でもイラン中の有名な絨毯職人や絨毯工房が最高の技術で織り上げ、自分の名前を織り込んだペルシア絨毯を寄進され、附属の絨毯博物館にはそうした作品が多数展示されている。

参考文献

蒲生礼一（1964）：『薔薇園』，平凡社。
山崎秀司・山崎由美子（2002）：『ペルシア絨毯 古典美の世界』，河出書房新社。
吉田雄介（2002）：イラン・ヤズド州メイボド地域におけるズィールー織業の展開過程，『人文地理』，54巻，597-613頁。
吉田雄介（2005）：イランにおける手織物生産の存続と多就業化の関係―ヤズド州メイボド地域のズィールー製織業を事例として―，『地理学評論』，78，491-513頁。
吉田雄介（2011）：イランにおける衰退産地の近年の状況-メイボドのズィールー（手織り綿製絨毯）生産の事例から，『イラン研究』，7，283-297頁。
吉田雄介（2015a）：マスジェドにおける現在のズィールー（綿製敷物）の使用状況：イラン・ヤズド州メイボドおよび近郊の事例から，『関西大学 東西学術研究所紀要』，第48輯，229-247頁。

吉田雄介（2015b）：文字情報・資料としてのズィールー（綿絨毯）：マスジェド・ハーフェズ・オ・ハージ・ゼイナルにおける事例から，『イラン研究』，11, 224-241 頁。

吉田雄介（2016）：小さな寄進物：ワクフ基金から寄贈されたワクフとしてのズィールー（綿製絨毯），『イラン研究』，12, 119-139 頁。

Afshar, I. 1992. *Zīlū. Iranian Studies*, Vol.25. No.1&2, pp.31-36.

Afshār. I. 1969. *Yādgārhā-ye Yazd*. Vol.1: Tehran.

Ahmadiyān, Alī, 2009/2010. *Sīmā-ye 'Alīābād*. Yazd: Andīshmandān-e Yazd.

Ardakānī, A. J. 2007. *Pazhūheshī dar Zīlū-ye Yazd*. Tehrān: Farhangestān-e Honar-e Jomhūrī-e Eslāmī.

Ardakānī, P. N. 2007. *Pelle-ye Hashtom*. Qom: Majma'-e Zakhāyer-e Eslamī.

Dehqhāniyān, Kāzem Nasrābādī. 2007. *Sīmā-ye Taft*. Vol.2, Yazd: Andīshmandān-e Yazd.

Edāre-ye Koll-e Farhanq va Ersād-e Eslāmī-e Ostān-e Yazd. 1998. *Barrashī -e Neveshtehā va Negārehā-ye Zīlūhā-ye Tārīkhī-e ⟪Mantaqe-e Rostāq⟫*. Yazd: Edāre-ye Koll-e Farhanq va Ersād-e Eslāmī-e Ostān-e Yazd.

Pūyā, S. A. ed. 2012. *Honarvarān-e Shahr-e Khorsīd*. Yazd: Entesharāt-e Tīk.

Rafi, M. H. 1998. Zilubafi-e Meybod in Īraj Afshār ed., *Yazd Nāmeh*. Vol.2, pp.379-384.

<参考：今回対象とした 32 枚のズィールー>

1 Mūze-ye Taft, 963（1556）
وقف مسجد جامع خانقاه علیّه نوریه قریهٔ تفت تحریر افی شهر رمضان المبارک سنه ۹۶۳ عمل شمس قطب الدین میبدی

　寄進（した）　タフト集落の高貴なるヌーリーイェ・ハナッガーのマスジェド・ジャーメ（に）　963年の聖なるラマザーン月（西暦1556年）に記す　シャムス・ゴドベディン・メイボッディ作

2 Masjed-e Jāme'-e Haftadōr, 1075（1665）
وقف است این زیلو را بر مسجد جامع هفتادر من اعمال دارالعباده یزد تحریر فی شهر رمضان المبارک سنه ۱۰۷۵ عمل حاجی باقر میبدی

　寄進財である　このズィールーを　ヤズド地域のマスジェド・ジャーメ・ハフタドールに　1075年の聖なるラマダーン月（西暦1665年）に記す　ハージー・バーゲル・メイボッディの作

　注：ハフタドールは、綴りでは「ハフタードル」になるが、現地では「ハフタドール」と呼称するので、そのまま訳すことにした。

3 Masjed-e Jāme'-e Haftadōr, 1083（1672）
وقف کرد (پاره شده) محمد نصیر البارجینی این زیلو را بر مسجد جامع قریهٔ هفتادر تحریر افی شهر جمادی الاول سنه ۱۰۸۳ عمل حاجی باقر میبدی

（破損）ムハンマド・ナスィール・アルバールジーニーが　このズィールーを　ハフタドール集落のマスジェド・ジャーメに　1083年のイスラム暦第5月（西暦1672年）に記す　ハージー・バーゲル・メイボッディ作

4 Masjed-e Jāme'-e Nowdeshān, 1113（1702）
(لکه شده) زوجه اسمعیل ابن حاجی زین‌العابدین ندوشنی این زیلو را بر مسجد جامع قریه مزبور تحریرافی شهر رمضان مبارک سنه ۱۱۱۳ عمل محمد مهدی المیبدی عاقبت خیرباد

（汚れて読めず）ハージー・ゼイノルアーバディン・ノーデシャーニーの息子エスマイールの妻が　このズィールーを　ノーデシャーン集落のマスジェド・ジャーメに　1113年の聖なるラマザーン月（西暦1702年）に記す　小生ムハンマド・メフディ・アルメイボッディの作

5 Masjed-e Jāme'-e Abrandābād, 1176（1763）
وقف صحیح شرعی نمود متولی موقوفات مسجد جامع کبیر قریه ابرندآباد من قری (قریه) دارالعباده یزد از مال الاجارهٔ موقوفات مزبوره این عدل زیلو را مع یکعدل دیگر بر مسجد مذکور فی شهر ذی القعدة الحرام سنه ۱۱۷۶ وست سبعین و مابة بعد الف عمل کمترین خلایق علی بیک ولد استاد حاجی المیبدی

219

聖法に則り寄進した ヤズドの町のマスジェド・ジャーメ・キャビール・ガディー
ム・アブランダーバードのワクフ財産の管理人が 前述のワクフ財産の地代から こ
の1枚のズィールーを 別な1枚ともに 前述のマスジェドに 1176（数字だけでな
く、アラビア語でも「1176」と入っている）年のイスラーム暦第11月（西暦1763年）
に ハージー・アルメイボッディ親方の息子である小生アリーベイクの作

6 Masjed-e Jāme'-e Abrandābād, 1178（1764）

(پاره شده) ندآباد من قری (قری یا قریه) دار العبادة یزد از مال الاجارة موقوفات مزبوره
این عدل زیلو را بر مسجد مذکور شهر ربیع الاخری سنه ۱۱۷۸ ثمان و بسعین
(سبعین) و مابة بعدالف عمل مکترین (کمترین) خلایق علیبیك ولد استاد حاجی المیبدی

（破損）ヤズドの町の（アブラ）ンダーバード 前記のワクフ財産の地代から この
1枚のズィールーを 前述のマスジェドに 1178（数字だけでなく、アラビア語でも
「1178」と入っている）年のイスラーム暦4月（西暦1764年）に ハージー・アル
メイボッディ親方の息子小生アリーベイクの作

7 Masjed-e Sāheb-e al-Zamān-e Hājīābād, 1185（1771）

(پاره شده) این زیلو را با چهار فرد دیگر بر مدرس مدرسۀ احداثی خود واقع
در سوق (پاره شده) مدرسۀ خان دار العباد یزد مشروط بآنکه بجای دیگر نبرند
تحریر افی شهر جمادی السانی (الثانی) سنه ۱۱۸۵ عمل علیبیك ابن استاد حاجی
المیبدی

（破損）このズィールーを 別な4枚とともに バーザールに所在する自身が設立し
たマドラセの教師に（この間の数文字が古くなって読めず）ヤズドの町のマドラセイ
ェ・ハーン 他の場所に持ち出すことを禁ずる条件で 1185年のイスラーム暦第6
月（西暦1771年）に オスタード・ハージー・アルメイボッディの息子アリーベイ
クの作

8 Masjed-e Hājī Mollā Hosein Dehābād, 1189（1775/76）

وقف نمود قطب الدین ولد افضل دهآبادی این زیلو را بر مسجد قریه مزبوره در
محله علیا سنه ۱۱۸۹

寄進した アフザル・デアバーディの息子であるゴトベディンが このズィールー
をデアバード集落の上地区のマスジェドに 1189年

9 Masjed-e Hāfez o Hājj Zaināl, 1190（1776）

وقف نمود حاجی یادگار ولد ذوالفقارم (ذوالفقار) میبدی و عفتّ پناه صالحة زوجۀ
مسمّای مزبور این زیلو را برمسجد نبی و حافظ بهاالدّین واقعه در محلّۀ بشنیغان من
القصبه شرط آنکه از مسجد مزبور بیرون نبرند مگر در ماه رمضان که اگر در مسجدین
مزبورین در ماه مذکور ضرور بنا شد نقل بمسجد سید قنبر نمایند اگر ضرور باشد
خلا وف (خلاف) کننده ملعون است تحریر افی شهر جمادی الاولی عمل کافی ولد

كاشف سنه ١١٩٠

　寄進した　ゾルファガール・メイボッディの息子であるハージー・ヤードガールとその妻敬虔なエファット・バナーが　このズィールーをバシュニーガーン地区にあるマスジェド・ナビー・オ・ハーフェズ・バハーロッディーンに　前記のマスジェドから持ち出しを禁じるという条件で　ただし、ラマザーン月に前記の両マスジェドが建設工事中で、マスジェド・セイエド・ガンバルで必要な場合には送ること　違反する者は呪われよ　イスラーム暦第５月に記す　カーシェフの息子カーフィーの作　1190年（西暦1776年）

10　Masjed-e Jāme'-e Fahraj, 1197（1783）

وقف نمود حاجى الحرمين الشريفين حاجى عبدالله ولد مرحوم صدرالدين فهرجى اين زيلو را با يك عدد ديگربر مسجد ميان ده خلاف كننده به لعنت ابدى گرفتار باد تحرير فى ١ (افى) شهر رمضان سنه ١١٩٧ عمل ابوطالب ولد ابول‌هادى

　寄進した　故サドルディン・ファフラジーの息子でありナジャフやキャルバラの巡礼を果たしたハージー・アブドッラーが　このズィールーを　別の一枚とともに　マスジェド・ミャーン・デヘに　違反する者は永遠に呪われよ　1197年のラマザーン月（西暦1783年）に　アブールハーディーの息子アブーターレブの作

11　Masjed-e Jāme'-e Nowdeshān, 1202（1787/88）

وقف صحيح شرعى نمود حاجى الحرمين الشريفين حاجى عليرضا ابن مرحوم حاجى جلال ندوشنى اين فرد زيلو با يك عدل ديگر بر مسجد جامع قريه ندوشن سنه ١٢٠٢ عمل صادق ابن سم

　聖法に則り正しく寄進した　故ハージー・ジャラール・ノーデシャーニーの息子でありキャルバラやナジャフの巡礼を果たしたハージー・アリーレザーが　このズィールーを　別の１枚とともに　ノーデシャーン集落のマスジェド・ジャーメに　1202（1787/88）年　（エスマイールの）息子サーデグの作（注：サーデグの父親の名前は織り切れていない）

12　Masjed-e Zarasb, 1204（1789/90）

وقف نمود سلالة السّادات العظام خيرالحاج حاجى ميرغفور اين فرد زيلو را بر شبستان مسجد زراسب مشروط آنكه از مسجد مزبور بيرون نبرند الّا بجهة (بجهت) تطهير وغيره يا بجهة (بجهت) تابستانى همان مسجد فرش نمايند خلاف كننده ملعون باد سنه ١٢٠٤ عمل ابن قاسم محمد على

　寄進した　預言者ムハンマドの優れた子孫であるハージー・ミールガフールが　このズィールーを　マスジェド・ザルアスブの礼拝場所に　洗濯その他を除きあるいは夏場に同マスジェドに敷くことを除き、持ち出しを禁ずるという条件で　違反する者は呪われよ　1204年　カーセム・ムハンマドアリーの息子の作

13   Masjed-e Jāme'-e Ebrāhīmābād, 1204（1789/90）

(پاره شده) مؤبد نمودند جماعتِ مؤمین (مؤمنین) و مطوطنین این فرد زیلو بر قریه ابراهیم‌آباد بلوک رستاق مشروط آنکه از مسجد مزبورین بیرن (بیرون) نبرند مگر بجهت یاخوف غارت خلاف کننده ملعون باد سنه ۱۲۰۴ عمل ابن کافی علی ضاد (رضا)

永久に（寄進）した 信者と住民のグループが このズィールー（を）ロスターグ地区のエブラヒーマーバード集落 前記のマスジェドから持ち出しを禁ずるという条件で 略奪を危惧する 違反者には呪いあれ 1204 年 カーフィー・アリーレザーの息子の作

14   Masjed-e Sāheb-e al-Zamān-e Hājīābād, 1204（1789/90）

وقف نمود حاجی الحرمین الشریفین زین العابدین ابن حاجی حسن حاجی‌آبادی این زیلو بر مسجد قریۀ مزبوره من توابع دارالعبادۀ یزد تحریر افی سنه ۱۲۰۴ عمل اقل خلایق ابن عطا عبدالکریم عزّآبادی

寄進した ハージー・ハサン・ハージーアーバーディの息子でありキャルバラやナジャフの巡礼を果たしたゼイノルアーバディンが このズィールー（を）ヤズドの前記の（ハージーアーバード）集落のマスジェドに 1204 年に記す アター・アブドゥルキャリーム・エザーバーディの息子である小生の作

15   Masjed-e Sāheb-e al-Zamān-e Roknābād, 1205（1790/91）

وقف نمود تقوا شعار آقا عباس ولد مرحوم صادق رکن‌آبادی این فر زیلو را بر مسجد محلّه علیا قریه رکن‌آباد سنه ۱۲۰۵

寄進した 故サーデグ・ロクナーバーディーの息子敬虔なるアーガー・アッバースが この 1 枚のズィールーを ロクナーバード集落の上地区のマスジェドに 1205 年

16   Masjed-e Jāme'-e Shavāz, 1207（1792/93）

وقف نمودند عالی‌حضرات ملا عبدالکریم ولد آقا نور محمد وسائر مؤمنین سکنه قریه شواز این زیلو را بر مسجد سفلای قریه شوّاز جنب حسنییه (حسینیه) مشروط آنکه از مسجد مزبور بیرون نبرند ۱۲۰۷

寄進した アガー・ヌールムハンマドの息子である高貴なるモッラー・アブドゥルキャリームおよびシャヴァーズ集落の信者一同が このズィールーを ホセイニエに隣接するシャヴァーズ集落の下のマスジェドに 前記のマスジェドから持ち出しを禁じる条件で 1207（年）

17   Masjed-e Jāme'-e Hājīābād, 1207（1792/93）

وقف شد این فرد دیگر بسعی اقل طلاب محمد ابن حاجی حسیب بر حجرات فوقانی مدرسه محسنیه که از بناهای مرحوم آخوند ملا اسمعیل سنه ۱۲۰۷

寄進された この別な一枚 ハージー・ハシーブの息子である小生ムハンマドの尽力で アーホンドのモッラー・エスマイルが設立したマドラセイェ・モフセニエの

19世紀初期までのズィールーの基礎的検討

上階の部屋に　1207年

18　Masjed-e Zarasb, 1208（1793/94）
وقف نمود سلالة السّادات العظام کهف الحاج حاجی میر غفور خلف مرحوم میر اسمعیل این فرد زیلو را بر شبستان مسجد زراسب بشنیغان میبد و هرگاه بجهة تابستانی همان مسجد ضرور شود فرش نمایید خلاف کننده ملعون باد سنه ۱۲۰۸ عمل محمد علی قاسم

　寄進した　故ミール・エスマエールの息子であり、預言者ムハンマドの優れた子孫であるハージー・ミールガフールが　この1枚のズィールーを　メイボドのバシュニーガーン地区のマスジェド・ザルアスブの礼拝場所に　そして夏場に同マスジェドで必要な場合には敷物として使え　違反者は呪われよ　1208年　ムハンマドアリー・ガーセムの作

19　Masjed-e Jāme'-e Shavāz, 1209（1794/95）
وقف نمود عالیحضرت آخوند ملا کریم وسائر مؤمنین اهل شواز این زیلو بر مسجد جامع شواز جنب حسینة (حسینیة) قریه مزبوره مشروط آنکه بیرون نبرند مگر بلزوم شرعی خلاف کننده ملعون باد ۱۲۰۹ عمل علرضا

　寄進した　アーホンドのモッラー・キャリーム殿とシャヴァーズ地域の信者一同がこのズィールーを　前記の集落のホセイニーイェの脇にあるマスジェド・ジャーメイェ・シャヴァーズに　持ち出しを禁ずるという条件で、聖法上の必要を除き　違反者に呪いあれ　1209（年）　アリーレザーの作

20　Masjed-e Sāheb-e al-Zamān-e Hājīābād, 1210（1796/97）
وقف شرعی نمود حاجی الحرمین الشریفین حاجی زین العابدین خلف مرحوم حاجی احمد خراسانی تاجر و بسعی حاجی جعفر ولدش این زیلو را بر مسجد نو واقعه در قریه حاجی‌آباد تحریر افی سنه ۱۲۱۰

　聖法に則り寄進した　故ハージー・アフマド・ホラサーニー・タージェル（商人）の息子でありキャルバラやナジャフの巡礼者を果たしたハージー・ゼイノルアーバディーンが　彼の息子のハージー・ジャッファルの尽力で　このズィールーを　ハージーアーバード集落にある新しいマスジェドに　1210年に

21　Masjed-e Sāheb-e al-Zamān-e Hājīābād, 1210（1806）
(پاره شده) با سی و هفت فرد دیگر سوای زیلوی مدارس بر حجرات مدرسه بزرگ احداثی اکان (که آن) بند (پاره شده) مرحمت شان محمد تقی خان که نقل ننمایند مگر بجهت ضرورت تحریرافی شهر رجب المرجب سنه ۱۲۱۰

　（破損）別な37枚とともに　マドラセイェ・ボゾルグの部屋に（切れている）ムハンマド・タギーハーンのおかげで　他所へ移すな、必要な場合を除き　1210年イスラーム暦第7月（西暦1806年）

22　Masjed-e Jāme'-e Nowdeshān, 1212（1797/98）

وقف کرد حاجی الحرمین الشّریفین حاجی علی ندوشنی این زیلو را بر مسجد جامع قریهٔ مزبوره مشروط انکه از مسجد مزبور بیرون نبرند خلاف کننده ملعون فی سنه ۱۲۱۲ عمل شاه حسین اشکذری

　寄進した　キャルバラやナジャフの巡礼を果たした　ハージー・アリー・ノーデシャーニーが　このズィールーを　前述のマスジェド・ジャーメに　前述のマスジェドから持ち出しを禁ずる条件で　違反者には呪いあれ　1212 年　シャー・ホセイン・アシュケザリー作

23　Masjed-e Ākhond, 1213（1798）

وقف صحیح شرعی نمود قربة اه (قربة الله) عفتّ پناه مسماة خواتون (خاتون) بانو بنت مرحوم قطب ابدین (البدین) حاجی ملّای فیروزآبادی این زیلو را بر مسجد محله سربالای قریه مزبوره خلاف کننده بلعنت ابدی گرفتار باد تحریر افی شهو(شهر) رمضان المبارک من شهور عمل استاد صادق ولد مرحوم اسمعیل ساکن قریه مزبوره سنه ۱۲۱۳ من الهجره

　聖法に則り正しく寄進した　神への愛のために（「アッラー」という文字を敷物であるズィールーに織り込むことは不敬なので省略される）　故ゴトブディン・ハージー・モッラー・フィールーザーバーディの娘であるハートゥーン婦人と呼ばれる貞節な女性が　このズィールーを　前記の集落の上地区のマスジェドに　違反する者は　永遠に呪われよ　聖なるラマダーン月に記す　月に（ママ）　前記の集落に居住する故エスマイールの息子サーデグ親方の作　ヒジュラ暦1213 年に

24　Masjed-e Ākhond, 1213（1798）

وقف صحیح شرعی نمودند قربة احاه (قربة الی الله) حاجی الحرمین الشّریفین حاجی یادگار خلف مرحوم محمد صفی و عفّت پناه مسمّاة بیگّم خانم بنت مرحوم محمّد فیروزآبادیان این زیلو را بر مسجد م (پاره شده) با کا (بالا) قریر مزبوره خلاف کننده بلعنت ابدی وسخت سر مدی تحریر افی شهر ربیع الاول سنه ۲۱۳ (۱۲۱۳) بسعی اقل الطلبه ابوطالب ابن مرحوم جنت مکان آخوند صدر الدّین محمّد عمل صادق ولد اسم

　聖法に則り寄進した　神への愛のために　故ムハンマド・サフィーの息子でありキャルバラやナジャフの巡礼を果たしたハージー・ヤードガールと故ムハンマド・フィールーザーバーディアンの娘であるベイゴム・ハーノムと呼ばれる貞節な女性が　このズィールーを　マスジェドに（途中が一部切れている）違反する者は永遠に永久に呪われよ　1213 年イスラーム暦第 3 月（西暦1798 年）に記す　アーホンドであった故サドルディン・ムハンマドの息子学僧アブーターレブの尽力で　エスマ（イール）の息子サーデグの作

224

25 Masjed-e Ḥāfez o Ḥājj Zaināl, 1217（1802/03）
وقف نموده ماه بگم (ماه بیگم) بنت نورالدّین میبدی زوجهٔ علییمان این زیلو را بر مسجد فوق مصنعه ملاحسین ولدش واقع در سر کوچهٔ محاذی قلعهٔ بشنیغان بر خلاف کننده لعنت فی سنه ۱۲۱۷ من الهجرة عمل قاسم

　寄進した　アリーベマンの妻であるヌールロッディーン・メイボッディの娘、マーベゴムが　このズィールー（を）　バシュニーガーンの砦の向いにあるマハズィーという路地の入口に位置する　彼の息子であるモッラー・ホセイン（の名を冠した）貯水槽の上部にあるマスジェドに　違反者は呪われよ　ヒジュラ暦1217年　ガーセムの作

26 Masjed-e Jāme'-e Yazd, 1220（1805）
وقف نمود حاجی الحرمین الشرفین حاجی عبدالله صباغ ولد مرحوم ملا کااظم(کاظم) این زیلو را بر مسجد جامع کبیر دارالعباده یزد بمقام پای تخت سبز مشروط انکه از مسجد مزبور بیرون نبرند و بمقام دیگر نبرند عمل ابوطالب
خلاف کننده بلنت(بلعنت) ابدی گرفتارباد تحریر افی شهر رمضان المبارک سنه ۱۲۲۰ عمل اقل العبّاد ابوطالب ولد مرحوم آقا ابوالهادی غفرالله الهما ولوالدیهما غرض نقشیست کزما بازماند که هستی را نمیبینم بقای مگرصاحب دلی روزی برحمت(به رحمت) کند در حق درویشون(درویشان) دعایی عاقبت خیر باد مبارک باد عمل ابوطالب ولد ابل‌الهادی (ابوالهادی)

　寄進した　故モッラー・カーゼムの息子でありキャルバラやナジャフの巡礼を果たしたハージー・アブドッラー・サッバーグが　このズィールーを　ヤズドのマスジェド・ジャーメ・キャビールに　緑の卓の足元に　前記のマスジェドから持ち出しを禁じる条件で　アブーターレブの作
　違反する者は永遠に呪われよ　1220年の聖なるラマダーン月（西暦1805年）に　故アーガー・アブールハーディの息子の小生アブーターレブの作　神がお救し給うように　父と母に祝福あれ　形身として後の世に遺るはただしるしだけ、私は生命が永久に続くを知らぬ　しかし敬虔の士がいつの日か　托鉢僧の作の上に祝福を祈るであろう　神の恵みを給わらんことを　アブールハーディの息子アブーターレブの作
　注：アブドッラーは、そのまま消さずに書いてある。また、文章の一部にサーディの『ゴレスターン』の「序」の一節が引かれているので、その部分は蒲生（1964, 22頁）の訳を参照した。

27 Masjed-e Jāme'-e Yazd, 1220（1805）
(پاره شده) گرفتار باد تحریر افی شهر رمضان المبارک سنه ۱۲۲۰ عمل اقّل العباد ابوطالب ولد مرحوم آقا ابوالهادی غفرالّله (غفرالله) ولوالد لهمایهما (ولوالدیهما)

　（破損）1220年の聖なるラマダーン月（西暦1805年）に記す　故アーガー・アブールハーディの息子である小生アブーターレブの作　神がお救し給うように　父と母に祝福あれ

28 Masjed-e Zīrde , 1221（1806）

وقف شرعی نمود این زیلو را بر مسجد سفای (سفلی؟) قصبهٔ اردکان صبیهٔ قربانعلی بیابانکی ساکن قصبهٔ مزبوره از منافع دو در باغ وقف واقعه در شورابه از مزارع قصبهٔ مزبوره مشروط انکه از مسجد مزبور بیرون نبرند خلاف کننده بلعنت ابدی گرفتار باد تحریرافی شهر جمادی الاولی سنه ۱۲۲۱ عمل کافی ولد کاشف المیبدی بود که گوشه نشینان بارگاه قبول نظرکنند بیچارگان صف نعال

聖法に則り寄進した このズィールーを アルダカーン地区の下地区（*soflā*）のマスジェドに 前記の地区に住むゴルバーンアリー・ビヤーバーナキーの娘が 寄進されたシューラーベの園地の収益から 前記のマスジェドから持ち出しを禁じるという条件で 違反者には呪いあれ 1221年のイスラーム暦5月（西暦1806年）に記すカーシェフ・アルメイボッディの息子カーフィーの作 隠者は哀れな者に情けをかけよ。列の最後

29 Masjed-e Jāme'-e Yazd, 1221（1806）

وقف مؤبد نمود و مرحمت غفران پناه حاجي مير صالح تاجر اصفهانی این فرد زیلو را مع یک فرد دیگر بمسجد جامع کبیر داخل دارالعباده یزد مشروط انکه از مسجد مزبور بیرون نبرند مگر بجهۀ تطهر (تطهیر) خلاف کننده بلعنت ابدی گرفتار باد تحریر افی شهر ربیع الموبود (الموعود) سنه ۱۲۲۱ عمل قاسم محمّد علی میبدی

永久に寄進した 寛大なエスファハーン商人である亡きハージー・ミール・サーレが この1枚のズィールーを 別な1枚とともに ヤズドの町のマスジェド・ジャーメ・キャビールに 前記のマスジェドから持ち出しを禁ずるという条件で、洗濯を除き 違反する者は永遠に呪われよ 1221年の預言者の生誕月（西暦1806年）に ガーセム・ムハンマドアリー・メイボッディの作

30 Masjed-e Jāme'-e Nowdeshān, 1222（1807）

وقف نمود جناب توفیق آثار حاجی الحرمین الشریفین حاجی علی رضا مرحوم حاجی جلال ندوشنی این زیلو را با دو عدل دیگر بر مسجد قطبی قریۀ مزبورۀ عمل کافی کاشف المیبدی تحریر افی شهر ربیع الموابود (الموعود) سنه ۱۲۲۲

寄進された 故ハージー・ジャラール・ノーデシャーニーの息子であるナジャフやキャルバラの巡礼を果たしたハージー・アリーレザーの遺したもののおかげで このズィールーを 別な2枚とともに ノーデシャーン集落のマスジェド・ゴトビーにカーフィー・カーシェフ・アルメイボッディの作 1222年の預言者の誕生月（西暦1807年）に

31 Masjed-e Jāme'-e Haftadōr, 1223（1808）

وقف است این زیلو با سه عدل دیگر بر مسجد جامع قریۀ هفتادر من قری (قریه) دارالعباده یزد بسعی صلا حیّت وتقوی شعار حسینعلي خلف مرحمت پناه مهدی من القریه في شهر رجب سنه ۱۲۲۳ عمل اشرف ولد مرحوم عزیز بیك میبدي

寄進物である 別な3枚とともにこのズィールー ヤズド地区のハフタドール集落

226

のマスジェド・ジャーメに マルハマットパナー・メフディの息子である努力と信心の人ホセインアリーの尽力で 1223年のイスラーム暦第7月（西暦1808年）に 故アズィーズ・ベイク・メイボッディの息子であるアシュラフの作

32 Masjed-e Zīrde, 1223（1808）

وقف نمود آقا محّمد ولد حاجی حسین اردکانی این زیلو را بر صفر(صفه) غربی جنب محراب شبستان مسجد زیرده قصبه مزبوره و ثواب آنرا بروح ولد ابوطالب قربت نمود تحریر افی شهر رمضان سنه ۱۲۲۳

寄進した ハージー・ホセイン・アルダカニーの息子ムハンマドが このズィールーを 前記の地区のマスジェド・ズィールデの礼拝場所のメヘラーブのそばのテラスに その善行をアブーターレブの息子の魂に与え給え 1223年のラマザーン月（西暦1808年）に記す

イスタンブルの二つの祈りの場

新 谷 英 治

はじめに

　二つの大陸を繋ぐまち、文明の十字路、東洋と西洋の出会うまち……。さまざまに形容されるイスタンブルは、その多くの呼び名の通り、多様な顔を持ち、そこに展開された歴史は多様であり、その歴史が残した文化と文化遺産も限りなく多様である。歴史と文化あるいは文化遺産を語るにこれほどふさわしいまちは少ないであろう。

　古くギリシア人の入植都市に始まり、やがて地中海の覇者「ローマ」の東方の都となり、その地中海に新たな覇者として現れたムスリム国家の首都として東方アジアと地中海・ヨーロッパを結んだこのまちは、古代の異教とキリスト教が出会い、そしてキリスト教とイスラームが出会った場であった。このまちの歴史を紐解くことは、そこに住む人々の信仰の姿を見つめることに他ならない。

　本稿では、このまちのキリスト教建築文化を代表するハギア・ソフィア大聖堂（ユスティニアヌス1世が再建、537年献堂）とイスラーム建築文化を代表するスレイマニイェ・ジャーミィ（スレイマン1世発願、1557年完成）に注目し、それら二つの巨大な宗教建築、魁偉な祈りの場に見られる文化の融合と対抗あるいは連続と変容の姿を確認したい。

1 イスタンブル

1-1 イスタンブルの地理的位置

　現在のイスタンブルの行政的な区域はバルカン半島側（ヨーロッパ側。トルコ語でルーメリ Rumeli）とボスフォラス海峡、マルマラ海、ダーダネルス海峡を隔てた東のアナトリア半島側（アジア側。トルコ語でアナドル Anadolu）の両方にまたがり、広大な都市圏を形成している。その面積は約5300平方キロメートルに及ぶ。現在の人口は約1400万人で首都アンカラの約440万人を大きく引き離している。また、それはトルコ共和国総人口約7800万人の六分の一強に相当し、国家全体におけるこのまちの比重の大きさが知られる。長くオスマン朝の首都であったイスタンブルは首都としての政治的な機能こそアンカラに譲っているが、経済や文化の面では依然として巨大な中心であり、また観光都市としても国内外から多数の訪問者を引き付けている。

　歴史的なイスタンブルの主要部はバルカン半島東端部に位置する。対岸のアナトリア半島西北端部も歴史的なイスタンブルの一部を形成してきた。バルカン半島側にある主要部は北・東・南の三方を海に囲まれた自然の要害であり、東西の陸上交通（アナトリア―バルカン）、南北の海上交通（地中海―黒海）の交点に位置するという類まれな好条件がその繁栄の基礎をなしていることは疑いない。交通の中心としての機能は、一帯の軍事的・経済的掌握を約束し、同時に人と物資の集中による巨大都市の形成と維持を可能にした。

　このまちは、イスラーム世界の都市でありながら、ギリシア、ローマの伝統を受け継いでおり、重層的な文化を有する特異なまちである。前時代の遺産を吸収し創意工夫を加えて発展したのがイスラーム社会、イスラーム文化の特徴とすれば、イスタンブルというまちの持つ文化の重

層性はそれ自体が「イスラーム的」と言えるのであり、イスタンブルはイスラーム文化の特性を典型的に体現している都市であると言えよう。ちなみに、歴史遺産は古代の文化遺産からこんにちに近い時代のものまで多数伝わっており、それらはイスタンブル歴史地区として世界遺産にも登録されている。

1-2　イスタンブルの歴史

1-2-1　ビュザンティウム

　イスタンブルは、紀元前7世紀中ごろにギリシア人植民市として建設されたビュザンティウム Byzantium を直接の起源とする。ビュザンティウムは前512年にアケメネス朝ペルシアのダリウス1世に征服され、その後、ギリシア本土のアテネの支配を、さらに前405年にはスパルタの支配を受けるようになる。アレクスサンドロス大王の直接的な支配を受けることはなく、またその後も巧みな対外政策により独立を保ったが、前146年ローマ国家の同盟都市となった。

1-2-2　コンスタンティノポリス

　ビュザンティウムは、キリスト教公認で知られるローマ皇帝コンスタンティヌス1世（在位306-337）により拡大・整備され、330年ローマ帝国の新首都コンスタンティノポリスすなわちコンスタンティヌスのまちとして開都式を迎える。このまちはローマ帝国の東西分裂（395年）、西ローマ帝国の滅亡を経て、ローマ帝国を連続的に継承する東ローマ帝国（ビザンティン帝国）の中心都市として発展した。

　キリスト教は313年のミラノ勅令によりローマ帝国の公認宗教となり、さらに392年のテオドシウス帝の勅令でローマ帝国唯一の国家宗教となる。コンスタンティノポリスの教会は税制や裁判権を介して国家機構の一部に組み込まれており、教権の独立性は弱く、総主教の選挙も実態は

皇帝の指名であった。しかし、キリスト教の信条の内容、特に三位一体論とキリスト論を巡って 325 年のニカエア公会議以来しばしばコンスタンティノポリスおよびその周辺で公会議が開催され、さらに 451 年のカルケドン（アジア側の現カドゥキョイ）公会議でキリストの完全な神性と人間性が規定されるなど、新首都コンスタンティノポリスは教義論争を通じてキリスト教世界においてその地位を高めていった。

　6 世紀のユスティニアヌス 1 世（在位 527-565）の時代には東ローマ帝国は西方のイタリアや西地中海の領域を回復し、その国力はコンスタンティノポリスにおけるハギア・ソフィア大聖堂の建造（再建）に端的に示される。しかし、7 世紀には東ローマ帝国はアヴァール人やサーサーン朝イランの脅威に晒され、コンスタンティノポリスも攻撃を受けるに至る。とりわけサーサーン朝と東ローマ帝国の鬩ぎあいは両者を疲弊させ、イスラームを標榜するアラブの擡頭を許すことになる。

　コンスタンティノポリスは、長く「ローマ」の人々の中心都市として繁栄するが、その魅力ゆえにたびたび外部から挑戦を受けることになる。7 世紀から 8 世紀にアラブを中心とするイスラーム教徒たちが海上から包囲を試みたことは、真の意味で外部からの挑戦というべきものであったが、このまちはその攻撃を退けることに成功した。西洋世界にとって Tour et Poitier の戦いの勝利よりもこのコンスタンティノポリスの防衛の方が重要であったというバーナード・ルイスの指摘はおそらく正しいであろう［Lewis 1982: 18-20／ルイス 2000（上）: 8-10］。これに対して、13 世紀のラテン帝国の成立は外部からの挑戦の「成功例」というべきかもしれないが、巨視的に捉えればそれは所詮「西方」世界内部の出来事に過ぎないとみることもできる。

　偶像破壊主義の時代の混乱を経てマケドニア朝期（867-1056）に東ローマ帝国は勢いを回復する。地中海の東方や南方ではアッバース朝が停滞するとともにファーティマ朝が擡頭する時期であった。東ローマ帝国は東方辺境でアルメニアやグルジアを併合したが、このことは緩衝地

帯を失うことを意味し、イスラームを受容したトルコ系諸族の東方からの流入を容易にすることになった。トルコ族は1077年にコンスタンティノポリスに近いニカエア（ニケーア）を奪い、ルーム・セルジューク朝（1077-1308）をたてる。さらにルーム・セルジューク朝の後継者とも言うべきオスマン朝がアナトリア半島西北部で擡頭し、アナトリア半島のみならずバルカン半島においても東ローマ帝国領を侵食しつつ急速に勢力を拡大していった。

1453年、コンスタンティノポリスはオスマン朝のメフメット2世の攻撃の前に陥落する。ヨーロッパと西アジアの間の中心都市であったコンスタンティノポリスはムスリム勢力によって支配されることとなった。東ローマ帝国の首都コンスタンティノポリスは、第三極としてヨーロッパと西アジアの仲介者であったが、コンスタンティノポリスが西アジアの国家に取り込まれたことにより、これ以後はヨーロッパとムスリム勢力の二極対立となる。

1-2-3　イスタンブル

コンスタンティノポリスの歴史的、地理的意義を考えれば、アナトリア半島西北部に産声を上げたオスマン朝が、西方への拡大に活路を見いだしたその初期の時代から、コンスタンティノポリスこそあるべき首都と考えたとしても不思議ではない。オスマン朝建国から約100年、バヤズィット1世による征服の試みは東方から迫ったティムールのために挫折したが、さらに半世紀を経てメフメット2世によって実現する。

19歳の若きスルターン・メフメット2世（在位1444-46,51-81）は精力的な征服者として登場し、その最初の目標はコンスタンティノポリスであった。オスマン朝は14世紀半ばにガリポリに近い一城砦を東ローマ帝国から得て以来ほぼ100年に亙ってバルカン半島の東部、南部一帯の征服を進め、東ローマ帝国を追い詰めつつあった。メフメット2世即位当時、東ローマ帝国は領土の大半を失い、オスマン朝の領土に包囲

されたコンスタンティノポリスはあたかもオスマン朝という海に浮かぶ孤島のような存在であった。メフメット2世はこのコンスタンティノポリスを周到な準備と巧みな戦術によって攻略し、その成功により「征服者」（ファーティフ Fâtiḥ）の名で呼ばれることになる。

　メフメット2世は相対する二つの要塞（アナドル・ヒサールとルーメリ・ヒサール）を築いてボスフォラス海峡を封鎖し、海上補給路を断った。当時コンスタンティノポリス市内の人口は4万ないし5万人と考えられており、うち兵員は一説にギリシア人約5000人、イタリア人約2000人と言われる。この僅かの人員で、大砲を用いた50日余に及ぶ包囲攻撃に耐えたが、ついに1453年5月29日オスマン朝軍の総攻撃の前に陥落し、最後の皇帝コンスタンティヌスも敗死した。コンスタンティノポリスの陥落とともに東ローマ帝国は一千年の歴史を閉じたのであり、東西分裂以前を含めて長きにわたった「ローマ」の歴史はここに最終的に終焉を迎えた。メフメット2世はこのローマのまちを自らの新しい首都と宣し、東方正教会の中心的施設でありこのまちの象徴的存在であったハギア・ソフィア大聖堂をマスジド（モスク）へ改修するよう命じた。

　なお、イスタンブルという呼称の使用は、コンスタンティノポリス征服後に始まったものではない。文献上ルーム・セルジューク朝時代に遡り、14世紀にはオスマン朝でも使用されていたと考えられている。コンスタンティノポリス征服後、より人口に膾炙し一般的な呼称として定着していったものであろう。このイスタンブル İstanbul の語源は様々に言われるが、ギリシア語 εἰς τὴν πόλιν（都市の中へ、の意）起源説が現在有力なもののひとつである。なお、メフメット2世考案とされる語呂合わせのイスラームボル İslâmbol（İslâm-bol：「イスラームの豊かなる［地］」）も一部で使用され、年代記史料等にも現れる。一方で語源的に Constantinopolis に遡りアラビア語、ペルシア語を介して入った Qosṭanṭanîya / Qosṭanṭinîya の語も公文書等において使用されていた。

　コンスタンティノポリスはオスマン朝の首都イスタンブルとなった。

このまちは開かれたまちとして幾多の異邦人、異教徒を受け入れた。このまちを拠点にオスマン朝はその勢いを拡大していったが、1683年の第2次ウィーン包囲失敗を契機にして領土的な退潮に追い込まれる。後に、ヨーロッパがオスマン朝領東欧に「輸出」した民族主義はイギリスやフランス、ドイツ、さらにはロシアなどの大国の思惑と結びついて、オスマン朝に壊滅的な打撃を与える。一方、イギリスとロシアが第1次世界大戦を通じてイスタンブルを手に入れようとしたことは、このまちのもつ変わることのない大きな魅力を物語っている。1922年の最後のスルターンの退位は、同時にこのまちに玉座を有した最後の皇帝の退位でもあった。

　こんにちイスタンブルは世界に少なからず見られる巨大都市のひとつであるが、市内の随所に類まれな過去の記憶を辿ることができる。我々はここでオスマン朝以前のキリスト教文化を代表する建築物とオスマン朝以後のイスラーム文化を代表する建築物に注目し、そこに見られる文化の融合と対抗あるいは連続と変容の姿を確かめてみよう。

2　ハギア・ソフィア大聖堂

2-1　由来

　ハギア・ソフィア *Ἁγία Σοφία*（現トルコ語名アヤソフィア Ayasofya/Aya Sofya）大聖堂はイスタンブル旧市街を東西に貫く大通りの東端部に位置する【図版1参照】。ここは岬の東端に位置するトプカプ宮殿のやや南に当たる。ビュザンティウム時代は中心広場であるアゴラのあったところであり、ギリシア神話の神々の神殿が設けられた場でもあった。その地に聳え立つハギア・ソフィア大聖堂の巨大な姿は、オスマン朝君主の居城であり内政・外交の中心であったトプカプ宮殿が背後に控えて

いることを忘れさせるほどの威容である【図版2-6参照】。

　ハギア・ソフィア大聖堂は、一説にコンスタンティノポリス開都式に先立つ326年にコンスタンティヌス1世の命で建設が始まったとされるが、諸説必ずしも一致しない。建設開始の年代は確定的ではないものの、360年に献堂となったキリスト教教会堂が最初の姿（第一聖堂）と考えられる［日高・高根沢2004：46-47］。地震や火災（404年。415年第二聖堂完成）により損傷を受けて修復を重ねたが、532年ニカの乱で焼け落ちたのを承けて、同年ユスティニアヌス1世の命によりアンテミオスとイシドロスの指揮のもとで建設（再建）が始まり、5年11箇月という短期間で工事を終えて537年に献堂となったものが今日の姿である。

　建築の形式は軸性を特徴とするバシリカ形式の平面プランに大ドームを伴った集中式プランを組み合わせたもので、本来両立しえない形式を融合させようとしたものされる［日高・谷水1990：29-31］。躯体には煉瓦とモルタルを用い、表面装飾に大理石を多用して重厚で荘厳な大空間を実現している。大ドームは542年から557年にかけての地震の影響を受けて558年に崩落したが、562年には修復された。後に989年に地震で一部崩落（994/5年修復完了）、1347年同じく地震で一部が崩落したものの1354年修復が完了して今日に至っている［日高2004：38-41］。

　1453年メフメット2世によるコンスタンティノポリス征服とともにハギア・ソフィア大聖堂はマスジドに改められた。内部にミフラーブやミンバル、マクスーラ（スルターンのために仕切られた席）などが加えられ、また外部には4本のミナレットが付加されてムスリムの礼拝空間として整えられたこの大教会堂は、オスマン朝の人々によってアヤソフィアと呼ばれることになるが、建物の基本的な構造とそこに作り出された空間及び内部装飾（就中モザイク画）はいたずらに損なわれることなくおおむね維持された【図版7-9参照】。

　しかし、さしもの大聖堂・大マスジドも19世紀には、外は鳥の糞で

汚れ内部には風雪が吹き込む有さまとなった。1847年、時のスルターンから命を受けた建築家ガスパーレ・フォッサーティ（1809-83）は、基本構造から内部装飾にいたる広範な修復作業に取り掛かり、2年間でひとまず完了する。1894年の地震に耐えたハギア・ソフィア大聖堂は、トルコ共和国成立後マスジドとしての役割を終え、1935年に正式に博物館の扱いとなる。1956年、1999年の地震でも大きな被害を受けることなく生き延びた偉大な建築物は、内外の研究者らによる調査、修復の手を受けながら次代への英気を養いつつある［日高 2004：42-43］。

2-2 特徴

　ハギア・ソフィア大聖堂は北西から南東へ向かう軸をもち、この軸に沿ってアトリウム（回廊で囲まれた前庭）、エクソナルテックス（手前側玄関廊）、ナルテックス（玄関廊）、三廊部（身廊および両側廊）、アプシス（後陣）が並ぶ。アトリウムからアプシスにいたる全長は140メートルである。主体部分である三廊部はほぼ正方形のプランであり（軸方向に77メートル、軸と直角に71.7メートル［Yerasimos 2007: 46]）、身廊中央上部に戴く大ドーム（562年再建）は直径31メートル、内法の高さが55メートルである。この大ドームはペンデンティブ上に架かっており、その荷重は大ドームと同じ直径の半ドーム（北西側と南東側）、それらの左右に付随する小半ドーム、北東側と南西側の大きなアーチとテュンパヌム（垂直壁）および4基の剛柱で受け止められる。

　内部は球面の連続から成り、堂内空間の一体性が強調されている。また内部はやや暗く、控えめに設けられた開口部から差し込む光は、静謐で神秘的な空間を作り出している。内壁はガラス・モザイクで装飾されている。

　壁面を飾るモザイクは9-13世紀のものが主体であり、概して動的な表現は乏しいながら、精緻な図像を金地の背景の中に鮮やかに浮かび上

がらせる。モザイクの多くはオスマン朝時代に漆喰で塗りこめられたが、1930年代からアメリカ合衆国の研究者を中心に漆喰の除去、修復作業が地道に続けられてきた。代表的なモザイク作品として「皇帝アレクサンドロス3世の肖像」、「キリストと皇帝コンスタンティヌス9世、皇妃ゾエ」【図版10参照】、「聖母子とコンスタンティヌス1世、ユスティニアヌス1世」【図版11参照】、「デイシス（$\Delta έησις$）」（キリストの坐像、聖母マリアとバプテスマのヨハネの立像）【図版12参照】などがある。

2-3　歴史的な意義

　コンスタンティノポリスは、ローマ帝国におけるキリスト教公認後に、公認した当事者のひとりである皇帝コンスタンティヌス1世が整備・建設したまちであり、ローマ帝国の新首都となって政治的に重きをなすいっぽう、キリスト教を唯一の国家宗教とする帝国の首都としてキリスト教世界において威信を高めるとともに、教義論争を通じてその地位を高めた。東方総大主教座のひとつとしてローマ総大主教座に対抗し、7世紀に他の3東方総大主教座（アレクサンドリア、アンティオキア、イェルサレム）がすべてイスラーム教徒の支配下に置かれるとキリスト教世界でローマと並ぶ指導的地位を得る。

　コンスタンティノポリスを中心とした東方正教会は、総大主教の任命をはじめとして皇帝の強い影響下に置かれた。やがてイコノクラスムへの姿勢や布教地の管轄、典礼・教会慣行の違いなどを巡ってローマを中心とする西方教会との対立が深まり、1054年にローマ教皇（ローマ総大主教）とコンスタンティノポリス総大主教は互いに相手を破門するにいたる。15世紀前半にオスマン朝の脅威を背景に東方正教会と西方教会の合同の試みが行われ（フェラーラ・フィレンツェ公会議）、一応の合意が成立したが、1453年にコンスタンティノポリスが陥落したため実行に移されないままに終った。

コンスタンティノポリスはその滅亡のときまで、キリスト教を国教とする東ローマ帝国の首都であった。すなわちコンスタンティノポリスは東ローマ帝国におけるキリスト教信仰の中心都市であったのであり、その地に国家の威信をかけて建設され繰り返し再建・修復されたハギア・ソフィア大聖堂は、キリスト教都市としてのコンスタンティノポリスの象徴であった。キリスト教建築物はハギア・ソフィア大聖堂が最初ではない。ハギア・ソフィア大聖堂に先立って建設され、コンスタンティノポリス最古の聖堂と考えられるハギア・イレーネ聖堂が現存し、また後の時代のものとしてはハギオス・セルギオス・カイ・バッコス聖堂、クリストス・アカタレープトス修道院聖堂などが知られる［日高・谷水 1990：69］。しかしキリスト教都市コンスタンティノポリスを最も端的に象徴するものはハギア・ソフィア大聖堂をおいてほかに無い。

　ハギア・ソフィア大聖堂の調査・修理は近年も行われており、国際的な協力の手が差し伸べられているが、日本の研究者も大ドームを中心にした調査に参加している。代表的な例としては日高健一郎のティームの共同研究が知られている[1]。

3　スレイマニイェ・ジャーミィ

3-1　由来

　ガラタ橋の北の袂に立って金角湾越しに南を望むと旧市街のシルエットが視界一杯に広がる。そのなかにあって一際壮麗な姿が目を引くのがスレイマニイェ・ジャーミィ Süleymaniye Camii である。名はスレイマンの大マスジド（大モスク）を意味する。コンスタンティノポリスがオスマン朝によって征服されてからおよそ100年後の1550年、時のスルターン・スレイマン1世の命を受けて宮廷建築家スィナーンが建設に

着手し、1557年に関係施設を含めて全体が完成した。スレイマニイェ・ジャーミィを語る前にまずスィナーンについて述べねばならない。

スィナーン Sinân（1489/90-1579/88？）の生涯には謎が多い。名前もスィナーン以外は必ずしも定かではない。しばしばその名に冠せられる「ミーマール」mi'mâr の語はアラビア語で建築家の意であり、本来の名の一部ではない。出身地は東欧のアルバニア、セルビアをはじめとして諸説あって定かではないが、アナトリア東部のカイセリが有力かと思われる。民族的にはアルメニア系とする説が根強い。これは、建築分野ではアルメニア人が彼の時代に至るまでアナトリアを始めオスマン朝領域各地で活躍していたこと、また名前の末尾のアンがアルメニア系の特徴を想起させることなどに注目して唱えられているものである。なおカッパドキア地方出身のギリシア系の人とする説もある［鈴木1993：50］。

スィナーンはセリム1世時代（1512-1520）に、オスマン朝の人材徴発制度であるデウシルメによりスルターンの親衛軍団イェニ・チェリの一員になったとされる。このイェニ・チェリを含めて宮廷に徴発された人々（カプ・クル）は宮廷での訓練・養成過程において武芸やイスラーム諸学のみならず、文学、美術、工芸、建築等の素養を修得したため、彼らの中から優れた芸術家や工芸家あるいは技術者が輩出した。スィナーンは、設営部隊の指揮官としてスレイマン1世のもとで建設活動に関わる。当初は恐らく城砦や橋などの建設・修復に関わっていたと思われるが、やがて50歳を過ぎてから建築家としての能力を認められ、マスジド（モスク）を建設した経験もさほど無いままに1538年に宮廷建築家に登用された。彼の建築家としての業績は多数に及び、必ずしも全貌は明らかではないが、主要なものだけでも、ジャーミィ（大マスジド）80余、マスジド50余、イマーラト（施食所）50余をはじめとし、その他キャラバン・サライ（隊商宿）、ハンマーム（浴場）、霊廟、橋、城砦、水道施設、倉庫など、300余の建築物が知られている。そのうちの傑作

とされる建築物のいくつかは 80 歳を過ぎてからのものとされる。また、作品の多くはイスタンブルにあるが、スィナーンは領内各地で広く建設に携わっており、彼自身が自らの最高傑作と考えていたとされるセリミイェ・ジャーミィ Selimiye Camii もイスタンブルの西方約 200 キロメートルのエディルネにある。建築家としてのその業績はオスマン朝あるいはイスラーム世界のみならず、16 世紀当時の世界を見渡しても類まれなものであり、特筆に値する。

　1543 年スレイマンの王子メフメットが亡くなる。それまではスレイマンは建築に無関心であったとも言われるが、息子の死を嘆いたスレイマンはスィナーンにジャーミィの建築を命じた。スィナーンはこのシェフザーデ・ジャーミィ Şehzâde Camii を 1548 年に完成させ、これにより建築家としての能力を実証した【図版 13, 14 参照】。このジャーミィの礼拝室は 1 辺約 37 メートルの正方形プランで、これをおおよそ 5 × 5 のグリッドに分割した中央の 9 グリッドの上に主ドームが架されている。主ドームの四方には同じ半径の半ドームが架される。さらにそれぞれの半ドームにはより小さな半ドームが軸に対して 60 度の角度で架されており、この架構方法はすでにハギア・ソフィア大聖堂に見られるものであるが、ハギア・ソフィア大聖堂では主ドームの主軸に並行する二面はテュンパヌム構造となっており半ドームを持たない。この点でシェフザーデ・ジャーミィは主ドームに向かう集中性と上昇感がより強調されており、そこには幾何学性に徹した厳密なプランが用意されている。シェフザーデ・ジャーミィの構成は「ドーム架構システムに関する一つの完成形式、理想形式」と考えられている［日高・谷水 1990：85-87］。

　やがてスルターンは自己の時代を代表する建築物をスィナーンに命ずる。それがマドラサ（学院）、イマーラト、病院などを周囲に従えた複合施設（キュッリーイェ külliye）として構想されたスレイマニイェ・ジャーミィである【図版 15-21 参照】。この大事業をスィナーンは僅か 7 年間で成し遂げ、スレイマニイェ複合施設は 1557 年に完成する。

選ばれた場所は、旧市街を載せた半島の背を東西に通るオルドゥ通りの北側、現在のイスタンブル大学の敷地の北に隣接する一画であった。金角湾を見降ろし海峡越しにアジア側を望む高台である【図版22参照】。イタリア人やユダヤ人などが居住していたガラタ地区を金角湾越しに睥睨し、ガラタ地区から振り返ればミナレットとドームが一体となって軽やかなリズム感と力強い躍動感を生み出すその壮麗な姿がスカイラインにくっきりと浮かび上がる【図版23参照】。その位置が、意図を持って慎重に選ばれたものであることは容易に想像できる。

3-2　特徴

　礼拝室と回廊（前庭）をあわせた全長は120メートルで、礼拝室の内法の高さは53メートルである。いずれもハギア・ソフィア大聖堂よりも小さい。礼拝室は軸方向が57.5メートル、横方向が58.5メートルのほぼ正方形のプランであり、ほぼ5×5のグリッドに分割された中央の9グリッドに直径27.4メートルの大ドームが架けられている。大ドームの軸方向（礼拝方向）の前後にほぼ同じ半径の半ドーム、さらにそれらの両側60度方向に小さな半ドームが架けられ、シェフザーデ・ジャーミィと同様の形式をとる。しかし、軸方向の左右には半ドームと小半ドームは設けられずアーチとテュンパヌムによる構造となっており、ハギア・ソフィア大聖堂の基本形式を踏襲していると見ることができる。ただし、側廊部の屋根は大きさの異なる5つの小ドームで構成されており、交差ヴォールトが用いられているハギア・ソフィア大聖堂とは異なる手法が試みられている［スチールラン1987：220］。

　礼拝室の内部は丸天井（ドーム、半ドーム）の連なりからなるが、それぞれの間には平縁の区切りがあり、球面が明確に区分されている。また多数の窓が開けられており、内部は明るい光に満ちている。ギャラリーは設けられておらず、また側廊部が身廊部と一体化した統合的な空間

となっているなど、内部空間への考え方がハギア・ソフィア大聖堂とはまったく異なることが知られる。マスジド建築の特性に従って軸や方向性の無い一体的空間が求められているとの指摘もある［Takikawa 2012：106；瀧川 2014：23］。この空間の特徴は、言わば透明感、硬質感にあり、またドームが直径に比して高いこととあいまって、伸びやかな上昇感がもたらされている［スチールラン 1987：220］。[2]

3-3　歴史的な意義

　スレイマニイェ・ジャーミィがハギア・ソフィア大聖堂から大きな刺激を受けた建築物であることは明らかであり、スィナーンの胸にハギア・ソフィア大聖堂を凌駕したいという思いがあったことは想像に難くない。だが、数字を見る限り規模の面で凌駕しえたとは言えないであろう［スチールラン 1987：220］。しかし、スィナーンの関心はおそらく規模にあったのではなかろう。イスタンブルの地にあって、選び抜かれた立地、律動的な外観、心地よい内部空間、それらすべてのバランスの上に成り立つ無常の美しさこそが彼の目指したものであったに違いない。そしてこんにち我々が目の当たりにするように、それは彼の願いどおり成功しているのである。

　ミフラーブの背後にスレイマン自身の墓廟がある【図版 19 参照】。ミフラーブはメッカの方向すなわち礼拝の方向を示すものであり、人々は礼拝室でミフラーブに向かって日々祈りを捧げ、その祈りはまたスレイマンの墓廟に向かうことになる。スレイマンの墓廟のすぐそばには夫人フッレム・スルターンの墓も設けられている。いずれも至って控えめな大きさの廟である。

　スレイマニイェ・ジャーミィはマスジドとして現役で用いられており、多くのムスリムが礼拝に訪れる。また大型バスが近づきにくい立地の故かハギア・ソフィア大聖堂やスルタン・アフメット・ジャーミィほどの

賑わいではないが、観光・見学にここを訪れる外国人、異教徒も決して少なくない。近年トルコ各地の主だった宗教施設において修繕や復元がさかんに行われてきた。スレイマニイェ・ジャーミィでも礼拝室内部、ミナレットなどを対象に大規模な修繕が行われた[3]。

なお、スレイマニイェ・ジャーミィの北の一角にスィナーンの墓廟がある。自身の設計によるといわれるごく簡素なこの廟から手塩にかけたジャーミィを見守っているかのようである【図版 24 参照】。

おわりに

オスマン朝の人々がハギア・ソフィア大聖堂を日常的に間近に仰ぎ見るようになったのはメフメット 2 世によるコンスタンティノポリス征服以後である。異教徒とは言え同じ神を信仰する啓典の民であるキリスト教徒の偉大な遺産を仰ぎ見て、その威容に胸打たれたに違いない。オスマン朝のムスリムにとって、ハギア・ソフィア大聖堂は否定すべき存在ではなく、むしろ崇敬の念を禁じえない存在であり、また、やがて乗り越えるべき目標だったのである。このハギア・ソフィア大聖堂がその後のオスマン朝建築に与えた影響は多大なものがあり、直方体や立方体の上に半球をいつくか載せただけのように見える従来の素朴な形式から、バシリカ形式に集中形式を組み合わせた、あたかも入道雲が湧き上るかのような魁偉な姿がオスマン朝のジャーミィ建築の定式となった。そこに見られるのは、信仰の別を超えた文化の明らかな継承である。

スィナーンはこのハギア・ソフィア大聖堂を超えようとし実際にそれを果たした。しかしそれは数字の上や見かけの規模の上のことではなく、ムスリムの生活に生かされるべき複合施設の中で、外観においても内部空間においても最良にして最上のバランスを実現することによって果たされたのである。また、技術や技巧においても、ハギア・ソフィア大聖

堂に学びつつも単純に踏襲するのではなく、そこには明らかな異化の意図が働いている。スレイマニイェ・ジャーミィの前に立ち、あるいは歩みを進めてドームの下に立つとき、我々はハギア・ソフィア大聖堂とスレイマニイェ・ジャーミィを取り違えることは決してない。文化の連続と変容。その姿をイスタンブルの二つの祈りの場のなかに明瞭に見ることができるのである。

付記

本稿は2007-2008年度関西大学学術研究助成基金による研究（代表者米田文孝、課題名「世界の文化遺産研究最前線 ── 保存と活用の実態調査 ──」）研究報告論文（新谷英治、「イスタンブルの文化遺産 ── 二つの宗教建築」、2010年9月脱稿［未刊・未公開］）の内容に2013-15年度の東西学術研究所比較信仰文化研究班における研究成果の一部を加えて書き改めたものである。

注

1）詳しくは日高・佐藤2004を参照されたい。
2）空間の上昇感についてはTakikawa2012:106-107も併せて参照されたい。なお、ハギア・ソフィア大聖堂及びスレイマニイェ・ジャーミィが構成する空間の様相と特徴については佐藤1987:122-130; Takikawa 2012:104-107; 瀧川2014:21-24で包括的に論じられており有益である。
3）2009年の調査時点では内部の見学範囲が制限されていたが、現在は当面の修繕が終わり、自由に見学できる。

参考文献

浅野和生、
   2003:『イスタンブールの大聖堂─モザイク画が語るビザンティン帝国』、中央公論新社。
Burelli, Augusto Romano & Gennaro, Paola Sonia,
   2008: *Die Moschee von Sinan / Sinan's Mosque*, Tübingen/Berlin.
Crane, Howard（ed. & tr.）,
   2000: *The Garden of the Mosques : Hafiz Hüseyin Ayvansarayî's Guide to the Muslim Monuments of the Ottoman Istanbul*, Leiden.

Crane, Howard & Akın, Esra,
　　2006: *Sinan's Autobiographies: Five Sixteenth-Century Texts*, Leiden/Boston.
Çelik, Serpil,
　　2009: *Süleymaniye Külliyesi Malzeme, Teknik ve Süreç*, Ankara.
ジョン=フリーリ（鈴木董監修、長縄忠訳）、
　　2005:『イスタンブール―三つの顔を持つ帝都』、NTT出版。（J. Freely, *Istanbul: the Imperial City*, Viking, 1996.）
深見奈緒子、
　　2003:『イスラーム建築の見方―聖なる意匠の歴史』、東京堂出版。
　　2005:『世界のイスラーム建築』、講談社。
羽田正、
　　1994:『モスクが語るイスラム史―建築と政治権力』、中央公論社。
原愛・五島利兵衛、
　　2008:ハギア・ソフィア大聖堂の平面、断面の幾何学的考察、『大同工業大学紀要』、第44号、101-104頁。
日高健一郎・谷水潤、
　　1990:『建築巡礼17　イスタンブール』、丸善株式会社。
日高健一郎・佐藤達生編、
　　2004:『ハギア・ソフィア大聖堂学術調査報告書』（改訂版）、中央公論美術出版。
日高健一郎、
　　2004:ハギア・ソフィア大聖堂の歴史と現在、日高健一郎・佐藤達生編『ハギア・ソフィア大聖堂学術調査報告書』（改訂版）、中央公論美術出版、38-45頁。
日高健一郎・高根沢均、
　　2004:補遺　ハギア・ソフィア大聖堂前史、日高健一郎・佐藤達生編『ハギア・ソフィア大聖堂学術調査報告書』（改訂版）、中央公論美術出版、46-49頁。
飯島英夫、
　　2010:『トルコ・イスラム建築』、冨山房インターナショナル。
Kafescioğlu, Çiğdem,
　　2009: *Constantinopolis/Istanbul: Cultural Encounter; Imperial Vision, and the Construction of the Ottoman Capital*, the Pennsylvania State University Press.
Lord Kinross and the Editors of the Newsweek Book Divison,
　　1972: *Hagia Sophia*, New York.
キンロス卿（ニューズウィーク社編、伊藤誠彦訳）、
　　1975:『ハギヤ・ソフィア―ビザンティン帝国と黄金の大聖堂』（ランドマーク世界史13）、講談社。

Lewis, Bernard,
   1982: *The Muslim Discovery of Europe*, New York/London.
バーナード＝ルイス（尾高晋己訳）、
   2000&2001:『ムスリムのヨーロッパ発見』、上・下、春風社。
Mark, Robert & Çakmak, Ahmet Ş. (eds.),
   1992: *Hagia Sophia from the Age of Justinian to the Present*, Cambridge University Press.
Necipoğlu, Gülru,
   2005: *The Age of Sinan : Architectural Culture in the Ottoman Empire*, London.
新田篤志、
   2004：トルコのスレイマニエモスク、『基礎工』（総合土木研究所）、32巻1号、44-47ページ。
野中恵子・大村次郷、
   2002：『世界遺産 イスタンブール歴史の旅』、小学館。
野中恵子、
   2008：『寛容なる都―コンスタンティノープルとイスタンブール』、春秋社。
大橋 功、
   2012：トルコ共和国におけるビザンティン期の美術についての現地調査報告―ハギア・ソフィア大聖堂・カリエ（コーラ救世主教会）博物館・ギョレメ野外博物館―、『美術教育』（日本美術教育学会学）、第296号、58-67頁。
Sâî Mustafa Çelebi,
   2002: *Book of Buildings* : Tezkiretü'l-Bünyan and Tezkiretü'l-Ebniye (*Memoirs of Sinan the Architect*), İstanbul.
佐藤潔人、
   1987：オスマン朝モスクの空間論―スレイマーニエ・モスクにおけるハギア・ソフィアの影をめぐって、『宗教と文化』（聖心女子大学キリスト教文化研究所）、第12号、113-134頁。
新谷英治、
   2000：オスマン朝とイスタンブルの隆盛、間野英二編『アジアの歴史と文化 9 西アジア史』、同朋舎、155-175頁。
アンリ・スチールラン（神谷武雄訳）、
   1987：『イスラムの建築文化』、原書房。(Hennri Stierlin, *Architecture de l'Islam*, Fribourg, 1979.)
Stierlin, Hennri,
   1998: *Turkey from the Selçuks to the Ottomans*, Köln.
   2002: *Islamic Art and Architecture*, London.
鈴木董、

  1993:『図説イスタンブル歴史散歩』、河出書房新社。
Takikawa Mio,
  2012: Hagia Sophia and Sinan's Mosques: Structure and Decoration in Süleymaniye Mosque and Selimiye Mosque,『成城美学美術史』、第17号、103-119頁。
瀧川美生、
  2014:オスマン帝国ドーム式モスク建築における装飾の重要性：スィナンのセリミイェ・ジャーミィを中心に、『成城美学美術史』、第20号、19-37頁。
Yerasimos, Stéphane,
  1990: La Fondation de Constantinople et de Sainte-Sophie dans les Traditions Turques, Paris.
  2007: *Constantinople : Istanbul's Historical Heritage*, Köln (h.f.ullmann).

イスタンブルの二つの祈りの場

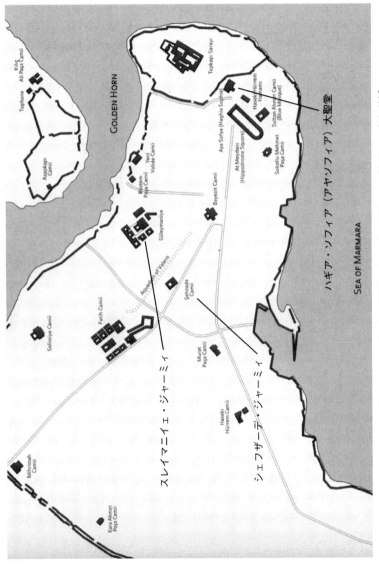

図版1　16-17世紀イスタンブルの主要施設［Stierlin 1998: 117（部分。一部加筆）］

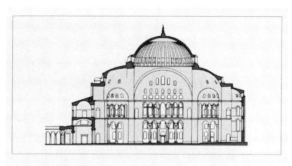
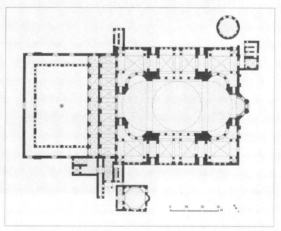

図版2　ハギア・ソフィア大聖堂［Yerasimos 2007: 45］

イスタンブルの二つの祈りの場

図版3　ハギア・ソフィア大聖堂西側外観［2008年9月撮影］

図版4　ハギア・ソフィア大聖堂北側外観（ナルテックス）［2008年9月撮影］

図版 5　ハギア・ソフィア大聖堂西側外観［2009 年 8 月撮影］

図版 6　ハギア・ソフィア大聖堂南側および東側外観［2009 年 8 月撮影］

イスタンブルの二つの祈りの場

図版7　ハギア・ソフィア大聖堂内部：テュンパヌム、ギャラリー、側廊［2008年9月撮影］

図版8　ハギア・ソフィア大聖堂内部：礼拝室（右に見えるのはドーム上部までの作業用足場）［2009年8月撮影］

253

図版9　ハギア・ソフィア大聖堂内部：イスラーム教徒の礼拝の方向（キブラ）を示すミフラーブ［2008年9月撮影］

図版10　ハギア・ソフィア大聖堂内部のモザイク：キリストと皇帝コンスタンティヌス9世、皇妃ゾエ（ギャラリー）［2010年8月撮影］

イスタンブルの二つの祈りの場

図版 11　ハギア・ソフィア大聖堂内部のモザイク：聖母子とコンスタンティヌス1世、ユスティニアヌス1世（ナルテックス南西端部）［2010年8月撮影］

図版 12　ハギア・ソフィア大聖堂内部のモザイク：デイシス（キリストの坐像、聖母マリアとバプテスマのヨハネの立像）（ギャラリー）［2010年8月撮影］

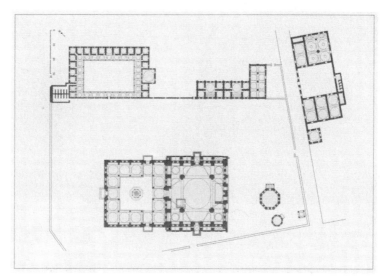

図版 13　シェフザーデ・ジャーミィ ［Yerasimos 2007: 255］

図版 14　シェフザーデ・ジャーミィ外観 ［2008 年 9 月撮影］

イスタンブルの二つの祈りの場

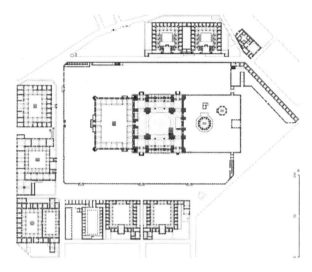

図版 15　スレイマニィェ・ジャーミィ［Yerasimos 2007: 261］

図版 16　スレイマニィェ・ジャーミィ俯瞰［Yerasimos 2007: 262］

図版 17　スレイマニイェ・ジャーミィ西側外観［1998 年 9 月撮影］

図版 18　スレイマニイェ・ジャーミィ西側・南側外観［2008 年 9 月撮影］

イスタンブルの二つの祈りの場

図版19　スレイマニイェ・ジャーミィとスレイマン1世の墓廟［1998年9月撮影］

図版20　スレイマニイェ・ジャーミィ内部（ドーム）［2011年9月撮影］

図版 21　スレイマニイェ・ジャーミィ内部［2010 年 9 月撮影］

図版 22　スレイマニイェ・ジャーミィからガラタ地区、アジア側を望む
　　　　［1998 年 9 月撮影］

イスタンブルの二つの祈りの場

図版23　夕景のスレイマニイェ・ジャーミィ（ガラタ橋北端から。ミナレットの一部で修復作業中）［2009年9月撮影］

図版24　スィナーンの墓廟（右はスイレマニイェ・ジャーミィ）［2008年9月撮影］

【執筆者紹介】（執筆順）

茶谷　まりえ	非常勤研究員・奈良県立民俗博物館学芸員
齋藤　鮎子	準研究員・関西大学　大学院文学研究科総合人文学専攻地理学専修博士課程後期課程3年
恵崎　麻美	非常勤研究員
蜷川　順子	研究員・関西大学　文学部教授
森　隆男	研究員・関西大学　文学部教授
松井　幸一	研究員・関西大学　文学部助教
野間　晴雄	研究員・関西大学　文学部教授
吉田　雄介	非常勤研究員・神戸学院大学　非常勤講師
新谷　英治	主幹・関西大学　文学部教授

関西大学東西学術研究所研究叢書 第2号

祈りの場の諸相

平成29（2017）年2月10日　発行

編著者　新谷　英治
発行者　関西大学東西学術研究所
　　　　〒564-8680　大阪府吹田市山手町3-3-35
発行所　株式会社　ユニウス
　　　　〒532-0012　大阪府大阪市淀川区木川東4-17-31
印刷所　株式会社　遊文舎
　　　　〒532-0012　大阪府大阪市淀川区木川東4-17-31

©2017 Hideharu SHINTANI　　　　　Printed in Japan

ISBN978-4-946421-50-1 C3020　　　落丁・乱丁はお取替えいたします。

Kansai University Institute of Oriental and Occidental Studies Research Reports Series
Comparative Studies of Spiritual Culture

Comparative Cultural and Historical Studies of Place Prayer

Contents

Consideration of Ebisu Worship as a "switch"
of Holy and Profane ·································· CHATANI Marie (1)

Attempt at Interpretation of Restoration of
"*Yamamiya Go Shinkho* Road" : The Route between
Fujisan Hongu Sengen Taisha Shrine and *Yamamiya Sengen Jinja* Shrine in Fujinomiya City. ········ SAITO Ayuko (21)

The Development of the Group Representation in the Paintings
of KOISO Ryohei in the Period of Wartime: Focusing
on the Relationship with the Reception of Edgar Degas
·· EZAKI Asami (47)

The Christian Churches in the Gotō Islands and the Imagery
of the Sacred Hearts ···························· NINAGAWA Junko (87)

Principle of Feminity in the House of the South-West Islands
·· MORI Takao (121)

Distribution of Spring and Ritual Space in Ryukyu
·· MATSUI Koichi (151)

Topos of Hindu Sacred Place: Overview of Varanasi
·· NOMA Haruo (175)

A Basic study on *zīlū*s until the Beginning of 19th Century:
The examination of 32 *zīlū*s in Yazd Province
·· YOSHIDA Yusuke (197)

Two Sites for Prayer in Istanbul ············ SHINTANI Hideharu (229)